Hermann. Günther, Julius Gustav. Elterich

Kants Seelenbegriff im Verhältnis zum Begriff der Seele

Hermann. Günther, Julius Gustav. Elterich
Kants Seelenbegriff im Verhältnis zum Begriff der Seele
ISBN/EAN: 9783743482708

Hergestellt in Europa, USA, Kanada, Australien, Japan

Cover: Foto ©ninafisch / pixelio.de

Manufactured and distributed by brebook publishing software (www.brebook.com)

Hermann. Günther, Julius Gustav. Elterich

Kants Seelenbegriff im Verhältnis zum Begriff der Seele

Zweiter Bericht

über das

KÖNIGLICHE LEHRER-SEMINAR

zu

OSCHATZ

von

Julius Gustav Elterich,
Seminardirektor.

Von Ostern 1877 bis Ostern 1884.

Voranstehend:

Kant's Seelenbegriff

im Verhältnis zum Begriff der Seele als psychischen Realgrundes

Dr. phil. Hermann Günther.

Kant's Seelenbegriff

im Verhältnis
zum Begriff der Seele als psychischen Realgrundes.

Von

Oberlehrer Dr. H. Günther.

—·:—

Vorwort.

Die vorliegende Abhandlung möchte als eine Art Einleitung in das Studium der rationalen Psychologie gelten. Besser, als etwa eine kompendiarische Darstellung der ganzen Geschichte dieser Disziplin, scheint mir den Dienst einer solchen Einleitung die ausführlichere Darstellung eines einzelnen Seelenbegriffes zu leisten, zumal eine Erörterung des Kant'schen Seelenbegriffes, die ja durch ihren Gegenstand sich angewiesen sieht, die Fragen, um deren Lösung sich die modernen Systeme der rationalen Psychologie bemühen, in ihrem Ursprunge und in ihrer einfachsten Gestalt vorzuführen. Ihrem Zwecke entsprechend bietet die folgende Darstellung keine Kritik, sondern blosse Entwickelung des Sachverhaltes. Als Beigabe zum Programm eines Lehrerseminars, einer Schule, zu deren Lehrfächern die empirische Psychologie gehört, ist eine Einleitung in die rationale Psychologie mindestens ebensosehr am Platze, als in einem Gymnasialprogramme jede Abhandlung über Fachfragen der klassischen Philologie. Da überdies nur ein gewisser Grad von Vertrautheit mit der Geschichte der rationalen Psychologie vor blindem Glauben an dieses oder jenes System der empirischen Psychologie bewahrt, sollten wir da nicht sogar wünschen, dass die begabtesten unsrer jungen Lehrer einen Teil ihrer Mussestunden dazu anwenden, sich soviel Einsicht in die Geschichte der rationalen Psychologie zu erwerben, als sie brauchen, um nicht einem empirisch-psychologischen Auktoritätsglauben zu verfallen?

Das Material, aus welchem der philosophische Seelenbegriff sich bildet, sind der Substanzbegriff und das Phänomen des Bewusstseins. Die Seele ist eine bewusste Substanz — so lässt sich, abgesehen von allen Unterschieden der Systeme in der Fassung des Substanzbegriffs und in der Art der Verknüpfung des Bewusstseins mit der Seelensubstanz, der Seelenbegriff im allgemeinen erklären. Insofern die Seele als Substanz gefasst wird, ist der Seelenbegriff ein Analogon vom Begriffe der körperlichen Substanz. Wie die Substanz der Körper als das einheitliche Subjekt gedacht wird, dem die von uns unter dem Namen eines Körpers zusammengefassten äusseren Erscheinungen und Vorgänge als Prädikate inhärieren, so wird die Seele vorgestellt als das Subjekt, das alle unsre inneren Zustände, die Vorstellungen, Gefühle und Begehrungen, zu seinen Prädikaten hat. Als eine Art des Substanzbegriffs macht der Seelenbegriff in den Systemen alle die Wandelungen durch, die der Substanzbegriff erfährt. Vor Kant ward unter dem Begriffe der Substanz der Realgrund der Erscheinung verstanden. Das heisst, die substantielle Grundlage des wahrnehmbaren Dinges galt als die immanente Ursache aller am Dinge wahrnehmbaren Beschaffenheiten und Zustände, so dass diese letzteren als die eigenen Beschaffenheiten und Zustände der substantiellen Grundlage betrachtet wurden, die Substanz also als das reale Subjekt der wahrnehmbaren Zustände des Dinges angesehen ward. Demgemäss sah die Philosophie vor Kant in der Seele den psychischen Realgrund. Die Seele galt ihr als die nichtsinnliche immanente Ursache unsrer Vorstellungen, Gefühle und Begehrungen und daher als das nichtsinnliche Subjekt, das diese unsre inneren Zustände als seine eigenen Zustände weiss. Gegen die Auffassung der Seele als des psychischen Realgrundes ist nun Kants psychologische Kritik gerichtet. Die vorliegende Abhandlung will den Kant'schen Seelenbegriff in seinem Gegensatze zu der Auffassung der Seele als des psychischen Realgrundes vorführen. Sie hat zunächst eine Darstellung des von Kant bestrittenen Seelenbegriffs zu liefern. Die Auffassung der Seele als des psychischen Realgrundes ist nicht bloss die Auffassung eines einzelnen Systems vor Kant, etwa des der Kant'schen Philosophie zunächst vorausgegangenen Leibniz-Wolff'schen, sondern die der gesamten neueren Philosophie vor Kant. Die folgende Charakteristik des Begriffs der Seele als des psychischen Realgrundes wird daher ein allgemein gehaltenes Bild dieses Seelenbegriffs sein. Wegen der Abhängigkeit des Seelenbegriffs vom Substanzbegriffe wird es der Deutlichkeit dieser Darstellung förderlich sein, wenn wir derselben eine Erörterung des Begriffs der Substanz im Sinne des Realgrundes der Erscheinung vorausschicken.

Der Begriff der Substanz als des Realgrundes der Erscheinung will die Brücke von der Wahrnehmungserkenntnis der Dinge zur Erkenntnis des Wesens der Dinge schlagen. Wenn die substantielle Grundlage des Dinges, die im Unterschiede von den wahrgenommenen Beschaffenheiten des Dinges eben das Wesen desselben ausmachen soll, der Realgrund der wahrgenommenen Beschaffenheiten ist, so sind diese Beschaffenheiten Wirkungen der substantiellen Grundlage, in denen diese als wirkende Ursache gegenwärtig ist, mithin Zustände der substantiellen Grundlage selbst, Zustände, welche die substantielle Grundlage selber hat, deren reales Subjekt sie also ist. Alsdann ist in der Erscheinung des Dinges das Wesen des Dinges selber enthalten; das erscheinende Ding ist nichts andres als das in eine Vielheit von Zuständen zerspaltene eine Wesen des Dinges selbst. Erscheinung und Wesen sind dann nicht unbedingt verschieden, vielmehr ist die Erscheinung das Wesen selbst, nur mit dem Unterschiede, dass, was im Wesen als ununterschiedene Einheit der Bestimmungen gedacht wird, sich in der Erscheinung in eine Mehrheit neben und nach einander gegebener Momente auseinanderlegt. Die Erscheinung ist auf diesem Standpunkte nur der unangemessene Ausdruck des Wesens selbst. Unsere Erkenntnis des erscheinenden Dinges ist hiernach rücksichtlich ihres Inhaltes Erkenntnis vom Wesen des Dinges selbst und unterscheidet sich nur der Form nach von der adäquaten Erkenntnis des Wesens, sofern der Erkenntnis des Wesens sich das als Einheit darstellen würde, was für die Erkenntnis der Erscheinung eine Vielheit wechselnder Bestimmungen ist. Unser Werkzeug zur Erkenntnis der wechselnden Beschaffenheiten der Dinge nun sind die Sinne. Nur die Sinne können es daher sein, auf deren Rechnung die Spaltung der sich selbst gleichen Substanz des wahrgenommenen Dinges in eine Vielheit von Beschaffenheiten fällt und die so die Schuld daran tragen, dass das Wesen der Dinge, das sich unsrer Erkenntnis voll und ganz darbietet, von uns inadäquat erkannt wird. Da aber so die Sinne unsrer Erkenntnis vom Wesen bloss eine unangemessene Form geben, als Inhalt unsrer Erkenntnis indes das Wesen belassen, so muss unser von den Formen und Bedingungen der Sinnenerkenntnis abstrahierendes Vorstellen der Dinge ein Organ der adäquaten Erkenntnis vom Wesen der Dinge sein, und wir müssen also durch Abstraktion von den eigentümlichen Bedingungen der Sinnenerkenntnis die adäquate Erkenntnis vom Wesen der Dinge gewinnen können. Geben wir unserm sinnenfreien Vorstellen den Namen Vernunft, so besitzen wir also in der Vernunft ein Organ der Erkenntnis vom Wesen der Dinge. So macht sich der Begriff der Substanz als des Realgrundes der Erscheinung zur Brücke von der Erkenntnis der Erscheinung zur Erkenntnis des Wesens. Indem er die Erscheinung zur blossen Modifikation des Wesens macht und so das Wesen als den Inhalt der Erscheinung setzt, den Unterschied der Erscheinung vom Wesen aber als einen bloss formellen Unterschied gelten lässt, spricht er uns das Recht zu, die Erkenntnis der Erscheinung als die inadäquate Form der Erkenntnis des Wesens zu behandeln und sie durch Abstraktion von der eigentümlichen Form, durch die sie gerade Erscheinungserkenntnis wird, in Erkenntnis des Wesens umzusetzen; wir brauchen, da die Eigentümlichkeit der Erkenntnis der Erscheinung in dem sinnlichen Ursprunge derselben besteht, bloss die in unsrer Erkenntnis der erscheinenden Dinge enthaltenen Begriffe der Gegenstände von der sinnlichen Anschauung, auf die sie sich beziehen und durch die sie belegt werden, loszulösen, um in ihnen eine adäquate Erkenntnis vom Wesen der Dinge zu besitzen.

Wenn auf dem Standpunkte der Voraussetzung, dass die substantielle Grundlage des Dinges der Realgrund der erscheinenden Beschaffenheit desselben ist, die Abstraktion von der spezifischen Form unsrer sinnlichen Erkenntnis der Dinge vorgenommen wird, so ist diese Abstraktion nicht mit einer Aufhebung des ganzen Dinges gleichbedeutend, sondern es bleibt, bezeichnet durch den von der sinnlichen Anschauung abstrahierenden Begriff des Dinges, ein vor unsrer sinnlichen Anschauung vorhandenes und von derselben unabhängiges Substrat übrig. Dieses Substrat ist es eben, welches im Medium unsrer sinnlichen Anschauung zum erscheinenden Dinge wird. Da so die substantielle Grundlage der Sinnendinge vor unsrer sinnlichen Anschauung und unabhängig von derselben existieren soll, so muss sie nichtsinnlicher Natur sein. Der Begriff des Sinnlichen ist auf dem hier beschriebenen Standpunkte von vornherein so gefasst, dass das Sinnending als solches aller eignen Substantialität entbehrt und das Sinnliche an ihm nur als die Modifikation eines nichtsinnlichen Substantiellen gilt. Als ein solches nichtsinnliches Substantielles in den Sinnendingen hatte Cartesius, der noch die absolute Realität des Raumes voraussetzte, der also im Raume eine von unsrer sinnlichen Anschauung unabhängige Beschaffenheit der Dinge sah, ein Wesen angenommen, dessen Natur in der blossen Ausdehnung bestehe; diese bloss ausgedehnte Substanz werde eben im Medium unsrer Sinnlichkeit Subjekt aller der Zustände und Beschaffenheiten, deren Inbegriff das Sinnending ist. Cartesius hatte eine Zweiheit durchaus entgegengesetzter Substanzen vorausgesetzt, die körperliche und die geistige Substanz. In die letztere hatte er alle Spontaneität verlegt, während er die erstere zu völliger Passivität verurteilt hatte; das bloss ausgedehnte Ding hat keine Quelle der Kraft in sich selbst, alle von ihm erlittenen Veränderungen sind auf eine ihm selbst gleichgültige, von aussen veranlasste Bewegung seiner Teile zurückzuführen. Leibniz, der den Cartesischen Gegensatz von Natur und Geist, den Gegensatz der mechanischen und der teleologischen

Weltanschauung ausgleichen wollte, hob den Unterschied der bloss leidenden und der bloss spontanen Substanz auf. Er legte den Ursprung aller in den Körpern möglichen Veränderungen in die körperliche Substanz selbst. Eine zur Hervorbringung ihrer Zustände völlig zulängliche Substanz der Körper aber durfte keinen Boden für einen von aussen kommenden Einfluss darbieten. Es musste darum in ihr die Ursache aller Passivität, die Ausdehnung, getilgt werden; sie musste punktuelle Einfachheit besitzen. Die Annahme punktueller Einfachheit der Substanz aber nötigte zugleich, an die Stelle der einen Substanz eine Vielheit der Substanzen zu setzen, wie die Eigentümlichkeit dieser punktuell einfachen Wesen, mit Ausschluss alles äusseren Einflusses selber die Quelle aller Veränderungen ihres Zustandes zu sein, dazu nötigte, alles Geschehen in diesen Wesen auf ein blosses Vorstellen von den Zuständen der übrigen Wesen, und zwar auf ein ihnen eingeborenes Vorstellen dieser Zustände zurückzuführen. So fand Leibniz die nichtsinnliche Substanz des Sinnendinges in einer Vielheit punktuell einfacher, für einander undurchdringlicher, vorstellender Wesen; alle sinnenfälligen Beschaffenheiten der Körper aber erklärte er für das Erzeugnis unsrer unklaren und undeutlichen Vorstellung von jenen Wesen, und unter die sinnenfälligen Beschaffenheiten rechnete er auch die Ausdehnung, die er nur für unsre verworrene Anschauung von der Koexistenz der vielen einfachen Wesen hielt. Die Leibniz'sche Vielheit punktuell einfacher, undurchdringlicher, ursprünglich vorstellender Wesen und die Cartesische Substanz, deren Qualität die blosse Ausdehnung ist, sind Substanz im Sinne des Realgrundes der Erscheinung. In beiden Fassungen will die Substanz der nichtsinnliche Inhalt der Sinnendinge sein, während die eigentümlichen Beschaffenheiten dieser letzteren bloss die unangemessene Form sein sollen, in der jener nichtsinnliche Inhalt von uns angeschaut wird. Beide Fassungen der Substanz sind gewonnen, indem die in beiden Fällen vorausgesetzten Begriffe von einem Körper von der Bedingung der sie realisierenden sinnlichen Anschauung befreit und in dieser sinnenfreien Form als nichtsinnliche Anschauung von Gegenständen behandelt wurden. Die Substanz ist hier der intellektuierte Körper selbst, zum Grunde seiner eignen Erscheinung gemacht.

Wie der Begriff der Substanz als Realgrundes der Erscheinung uns von der Sinnenerkenntnis der äusseren Dinge zur Erkenntnis des nichtsinnlichen Wesens derselben zu führen verspricht, so bietet er sich auch als Mittel an, unsre empirische Erkenntnis vom Subjekt der psychischen Vorgänge in Erkenntnis vom nichtsinnlichen Wesen dieses Subjektes d. i. in adäquate Erkenntnis von der Seele umzusetzen.

Das psychische Leben ist ein unaufhörlicher Wechsel mannigfach gearteter Zustände eines Leidens und Thuns, dessen wir uns als unsres eignen Leidens und Thuns bewusst sind; wir pflegen diese mannigfaltigen Zustände in drei Gruppen, bezeichnet durch die Namen des Vorstellens, des Fühlens und des Wollens, einzuteilen. Es ist das charakteristische Merkmal der psychischen Vorgänge, dass in ihnen die Vorstellung unsres Selbst als des Subjekts, dessen Zustände diese Vorgänge sind, enthalten ist. Jeder unsrer psychischen Vorgänge tritt als Zustand unsres Selbst auf; eben hieran erkennen wir einen Vorgang in uns als einen psychischen Vorgang. Die Zustände eines Subjekts sind ebensoviele Arten, wie dasselbe bestimmt ist; in jedem seiner mehreren Zustände ist das Subjekt auf besondere, eigentümliche Art bestimmt. Als Zustände unsres Selbst sind die psychischen Vorgänge daher nichts anderes denn Arten, wie unser Selbst bestimmt ist, oder Modifikationen des Selbst. Der Modifikationen des Selbst sind ebensoviele, als es psychische Vorgänge giebt. In jedem psychischen Vorgange ist unser Selbst in anderer Weise modifiziert. Ziehen wir zunächst die verschiedenen Klassen psychischer Vorgänge in Betracht, so finden wir das Selbst im Vorstellen hingegeben an die Objekte des Vorstellens, im Fühlen bestimmt durch die Lust oder Unlust, die sich mit der Vorstellung der Objekte verknüpft, und im Wollen als spontanen Urheber einer Kausalreihe, deren letztes Glied der gewollte Zustand ist. Achten wir aber auf die einzelnen Vorgänge in jeder Klasse des psychischen Geschehens, so bedeutet wieder jeder Wechsel der Objekte des Vorstellens eine neue Modifikation des vorstellenden Selbst, wie in jedem neuen Gefühle das fühlende, in jedem neuen Willensakte das wollende Selbst anders modifiziert ist. Jede dieser Modifikationen des Selbst enthält einen doppelten Bestandteil, nämlich das Selbst, das Ich als das in jeder seiner Modifikationen sich selbst gleiche Subjekt und eine Beziehung des Ich auf anderes, auf etwas, was nicht es selbst ist; eben diese Beziehung auf anderes ist es, in deren unaufhörlichem Wechsel das Ich zum Subjekte eines stets neuen Verhältnisses wird und so sich fortwährend modifiziert. Auf den Beziehungen und Verhältnissen des sich selbst gleichen Ich zu anderem, welche eben eine Vielheit von Zuständen des Ich begründen, beruht die Mannigfaltigkeit der psychischen Vorgänge. Die wechselnden Zustände des Ich machen eine unsrer Wahrnehmung gegebene zeitliche Reihe aus. Unsre Fähigkeit, unsre psychischen Zustände wahrzunehmen, pflegt als ein dem äusseren Sinne paralleles Organ gefasst und mit dem Namen des inneren Sinnes bezeichnet zu werden. Objekt des innern Sinnes ist an den psychischen Vorgängen die zuständliche Seite des Ich, die Reihe der wechselnden Beziehungen des sich selbst gleichen Ich. Eben sofern sie in ihrer Mannigfaltigkeit einen unaufhörlichen Wechsel darbieten, fallen die Zustände des Ich unter die Bedingung der Zeit; da aber die Zeit die Form unsrer inneren Anschauung ist und daher alles, was in die Zeit fällt, Objekt dieser Anschauung wird, so muss die Reihe der Zustände des Ich Objekt der inneren Anschauung oder des inneren Sinnes sein. Keineswegs aber ist Objekt blosser innerer Wahrnehmung der andere Bestandteil der psychischen Vorgänge, das sich selbst gleiche Subjekt derselben. Das in allem Wechsel seiner Zustände sich selbst gleiche Ich kann seiner nur durch einen Akt der Selbstunterscheidung von seinen wechselnden Zuständen, durch seine Selbstloslösung von den mannigfaltigen Beziehungen, in die es sich verflochten erkennt und in denen es nicht lediglich es selbst ist, innewerden. In dieser seiner Beziehung auf sich selbst tritt das Ich in Gegensatz zu allen seinen Zuständen, welche ja lauter Beziehungen des Ich auf anderes sind; das auf sich selbst bezogene Ich abstrahiert von allen seinen Zuständen. Die Beziehung des Ich auf sich selbst ist daher nicht selber ein Zustand des Ich; sie steht mithin auch nicht, wie die Zustände des Ich, unter der Bedingung der Zeit und kann darum nicht Objekt der inneren Wahrnehmung sein. Als der Akt der Selbstloslösung des Ich von allem, was an ihm in die Sphäre der sinnlichen Wahrnehmung fällt, kann die Beziehung des Ich auf sich selbst nur ein Akt seines sinnenfreien Vorstellens sein. In dem auf sich selbst bezogenen, sich selbst gleichen Subjekte der psychischen Vorgänge besitzt mithin jeder psychische Vorgang einen der sinnlichen Wahrnehmung entzogenen Bestandteil, einen nichtsinnlichen Bestandteil. So zeigt uns die Analyse der psychischen Vorgänge in jedem dieser Vorgänge zwei verschiedenartige Bestandteile. Der erste ist allen psychischen Vorgängen gemeinsam, es ist das nichtsinnliche Subjekt der psychischen Vorgänge, das alle diese Vorgänge zu seinen Zuständen hat, das aber seiner Identität gerade in der Abstraktion von allen seinen Zuständen innewird. Der zweite ist in jedem psychischen Vorgange ein anderer, besonderer, es ist ein sinnlich wahrnehmbares Geschehen, das als Zustand jenes nichtsinnlichen Subjektes auftritt. Bestimmt durch einen sinnlich wahrnehmbaren Zustand, ist das nichtsinnliche Subjekt der psychischen Vorgänge offenbar inadäquat bestimmt; die wahre Beschaffenheit des nichtsinnlichen Subjekts kann sich nicht in einem sinnlich wahrnehmbaren Zustande desselben ausprägen. Nun aber ist die eigentümliche Art, wie ein psychisches Subjekt seine Zustände besitzt, die, dass es dieselben als die seinigen weiss, sich derselben als der seinigen bewusst ist. Das ist das unterscheidende Merkmal eines psychischen Subjektes. Unter dem inadäquaten Zustande eines psychischen Subjektes wäre daher ein Geschehen zu verstehen, das von dem psychischen Subjekte, als dessen Zustand es auftritt, wenigstens nicht in der Gestalt, in der es als solcher auftritt, als ein Geschehen an ihm und mit ihm gewusst würde, ein Geschehen, dessen sich dieses psychische Subjekt gar nicht in dieser Gestalt als seines eigenen Zustandes bewusst wäre. Sind also die psychischen Vorgänge inadäquate Zustände des nichtsinnlichen Subjektes, auf das sie sich insgesamt beziehen, so weiss und kennt dieses nichtsinnliche Subjekt die psychischen Vorgänge nicht in der nämlichen Gestalt, in der sie Inhalt unsres empirischen Bewusstseins sind. Das nichtsinnliche Subjekt der psychischen Vorgänge ist nicht das Subjekt unsres empirischen Bewusstseins. Jeder psychische Vorgang giebt sich zunächst als Zustand eines Ich, das diesen Vorgang wirklich als seinen Zustand weiss, das also durch diesen Zustand adäquat bestimmt ist. Das ist das empirische Ich. Unser empirisches Ich ist in jedem unsrer psychischen Zustände ein anderes; die Zahl unsrer empirischen Iche ist so gross, als die Zahl unsrer psychischen Zustände. Dieses empirische Subjekt unsrer psychischen Zustände ist durch diese Zustände adäquat bestimmt, es ist sich derselben als seiner eigenen Zustände bewusst. Unser Bewusstsein aber ist kein Aggregat von Bewusstseinszuständen, sondern ein einheitliches Bewusstsein; die vielen Iche in uns stellen sich vermöge der ihnen allen gemeinsamen Form der Ichheit als die Modifikationen eines einzigen, sich selbst gleichen Ich dar. Dieses sich selbst gleiche Subjekt, an das sich alle unsre psychischen Zustände als Prädikate anheften, ist keiner inneren Wahrnehmung gegeben; denn diese zeigt lediglich ein Aggregat von Ichen. Das einheitliche Subjekt der psychischen Zustände ist nichtsinnlicher Natur. Ein der inneren Wahrnehmung gegebenes psychisches Subjekt ist eben ein durch wahrgenommene psychische Zustände adäquat bestimmtes, dieser Zustände sich als der seinigen bewusstes Ich; wenn die Art, wie überhaupt ein Ich gegeben wird, die ist, dass dasselbe sich eines Geschehens als seines eignen Zustandes bewusst wird, so muss die Art, wie das Ich als Objekt des inneren Sinnes gegeben wird, die sein, dass sich dasselbe eines durch den inneren Sinn wahrnehmbaren Geschehens als seines eignen Zustandes bewusst wird. Ein nichtsinnliches psychisches Subjekt ist daher schon seinem Begriffe nach ein Ich, das sich psychischer Vorgänge, die dem innern Sinne gegeben sind, nicht als seiner eigenen Zustände bewusst sein kann. Das Bewusstsein des nichtsinnlichen psychischen Subjekts und das Bewusstsein des empirischen Subjekts der psychischen Zustände fallen also auseinander. Die psychischen Zustände, die das Bewusstsein des empirischen Ich ausmachen, sind wenigstens nicht in der nämlichen Gestalt der Inhalt vom Bewusstsein des nichtsinnlichen Ich. Der Unterschied zwischen dem Bewusstseinsinhalte des empirischen Ich und dem des nichtsinnlichen Ich darf indes nicht als völlige Beziehungslosigkeit beider Arten des Bewusstseins gefasst werden. Die Aufhebung aller Beziehung zwischen dem empirischen Ich und dem nichtsinnlichen Ich stände im Widerspruche mit der psychischen Erfahrung, nach welcher die vielen Iche unsrer innern Wahrnehmung nicht als Aggregat von Bewusstseinszuständen, sondern als Bestandteile eines einheitlichen

Bewusstseins, als Modifikationen eines einheitlichen, sich selbst gleichen Ich auftreten. Die psychische Erfahrung selber ist es, die unverkennbar eine Beziehung unsres empirischen Ich auf ein nichtsinnliches Ich in uns, der der inneren Wahrnehmung gegebnen psychischen Vorgänge auf das dieser Wahrnehmung entzogene Bewusstsein des nichtsinnlichen Ich anzeigt. Die psychische Erfahrung legt also der Spekulation die Aufgabe vor, das Verhältnis des empirischen Ich zum nichtsinnlichen Ich, des empirischen Bewusstseins zum reinen Bewusstsein des nichtsinnlichen Ich so zu fassen, dass das empirische Bewusstsein im Bewusstsein des nichtsinnlichen Ich begründet ist, ohne dass doch der spezifische Unterschied beider Arten des Bewusstseins verwischt wird.

Wir haben jetzt das Material aufgezeigt, welches die psychische Erfahrung der Spekulation zur Herstellung des Seelenbegriffs darreicht. Wie kommt nun aus diesem Material der Begriff der Seele als des psychischen Realgrundes zu stande? Er wird gewonnen, indem auf das einheitliche Ich, als dessen Modifikationen alle unsre psychischen Zustände auftreten, der Begriff der Substanz im Sinne des Realgrundes der Erscheinung angewendet wird. Die unabweisbare Beziehung aller unsrer psychischen Zustände auf ein identisches Ich, kraft deren alle diese Zustände sich als Modifikationen dieses Ich darstellen, — dieses Verhältnis ist es gerade, das zur Übertragung des Substanzbegriffes auf das identische Ich, zur Anwendung des Accidenzverhältnisses auf die psychischen Zustände auffordert. Die psychischen Vorgänge kommen und gehen, und in ihrem unaufhörlichen Wechsel beharrt nichts als das in ihnen allen enthaltene Moment eines identischen Subjekts, dem sie sich als seine Prädikate anheften, — es kann nicht ausbleiben, dass die unmittelbare Realität, mit welcher sich die psychischen Vorgänge unsrer Selbstwahrnehmung aufdrängen und welche zunächst dem psychischen Vorgange als ungeteiltem Ganzen zugehört, in erster Linie auf das identische Subjekt der psychischen Vorgänge bezogen wird, während das bloss zuständliche, wechselnde Moment der psychischen Vorgänge mit einer abgeleiteten, erst in dem identischen Ich begründeten Art der Existenz abgefunden wird. Das identische Ich gilt so als das wahrhaft Seiende in unserm psychischen Leben, die psychischen Vorgänge aber gelten als bloss vorübergehende Zustände dieses Seienden. Als Träger der in ihm begründeten Zustände heisst ein reales Subjekt eben eine Substanz. Die Realität des identischen Ich ist also in Rücksicht der psychischen Vorgänge, die in dem identischen Ich als seine Prädikate begründet sind, die Substantialität desselben; die den psychischen Vorgängen zukommende Wirklichkeit aber ist die Subsistenz derselben im substantiellen Ich. Das als Substanz gefasste identische Subjekt der psychischen Vorgänge ist eben die Seele. Die Substanz als Realgrund ist die immanente Ursache ihrer Accidenzen und daher das Subjekt, dem die als Accidenzen der Substanz auftretenden Vorgänge und Erscheinungen als seine eigenen Zustände angehören. Als Accidenzen der Seelensubstanz haben die psychischen Vorgänge daher die Seelensubstanz zu ihrer immanenten Ursache; die Seelensubstanz ist das Subjekt, dessen eigene Zustände die psychischen Vorgänge sind. Da nun die eigentümliche Art, wie einem psychischen Subjekte seine Zustände angehören, die ist, dass es sich derselben als seiner Bestimmungen bewusst ist, so muss die Seele, eben damit ihr unsre psychischen Zustände als ihre eignen Zustände angehören können, für ein ursprünglich bewusstes Wesen erklärt werden. Als Substanz im Sinne des Realgrundes gefasst, ist die Seele ein Wesen, dessen Natur es ist, seiner bewusst zu sein. Nur wenn das Bewusstsein zu ihrem Wesen gehört, kann die Seele psychische Substanz im Sinne des psychischen Realgrundes sein; die Subsistenz, die sie als psychische Substanz unsern psychischen Zuständen darbieten muss, besteht gerade darin, dass sie diese Zustände als ihre eigenen Zustände weiss, mit anderen Worten, die Seele kann den Dienst einer psychischen Substanz nur verrichten, wenn sie ein Wesen von ursprünglich bewusster Natur ist. Aber in der Annahme, dass dem substantiellen Seelensubjekte unsre psychischen Vorgänge als seine eigenen Zustände angehören, ist nicht bloss die Forderung einer ursprünglich bewussten Natur der Seele ausgesprochen, sondern es werden auch dem wesenseignen Bewusstsein der Seele unsre psychischen Zustände als Inhalt zugewiesen. Diese Erhebung unsres empirischen Bewusstseins zum eigenen Bewusstsein des Seelensubjektes nun ist die Lösung, welche das von der psychischen Erfahrung uns vorgelegte Problem der Zugehörigkeit unsres empirischen Bewusstseins zum Bewusstsein des nichtsinnlichen psychischen Subjektes in der hier besprochnen Seelentheorie findet. Die psychische Substanz muss schon darum, weil sie Substanz ist, ein nichtsinnliches Wesen sein. Das ihr wesenseigne Bewusstsein muss daher ein nichtsinnliches Bewusstsein sein. Bei solcher Voraussetzung ist es eine der Beantwortung bedürftige Frage, wie unser empirisches Bewusstsein das eigne Bewusstsein des nichtsinnlichen Seelenwesens sein könne. Die hier behandelte Theorie von der Seele löst dieses Problem folgendermassen. Die Substanz als Realgrund ist die immanente Ursache ihrer Accidenzen. Dem empirischen Bewusstsein als dem Accidens der Seelensubstanz ist darum das ursprüngliche, nichtsinnliche Bewusstsein der Seele immanent. Das nichtsinnliche Bewusstsein des Seelensubjektes macht also den Inhalt des empirischen Bewusstseins aus. Das empirische Bewusstsein ist dann überhaupt nicht dem Inhalte nach von jenem nichtsinnlichen Bewusstsein verschieden, sondern der Unterschied beider Arten des Bewusstseins betrifft bloss die Form, in welcher der identische Inhalt beider sich ausprägt. Das empirische Bewusstsein ist das nichtsinnliche Bewusstsein selbst, nur in einer ihm unangemessenen Form. Das empirische Bewusstsein ist nur ein der Deutlichkeit ermangelndes Bewusstsein des Seelensubjektes von sich selbst, während das nichtsinnliche Bewusstsein das deutliche Bewusstsein des Seelensubjektes von sich ist. Die Annahme eines bloss formellen Unterschiedes zwischen dem empirischen Bewusstsein und dem der Seele wesenseignen Bewusstsein ermöglicht es, das empirische Bewusstsein für das eigne Bewusstsein der Seele zu erklären. Die Seele selbst ist nach dieser Annahme das Subjekt des empirischen Bewusstseins, sie selbst hat das empirische Bewusstsein, freilich nicht in der Form, die das empirische Bewusstsein charakterisiert, sondern in einer von der empirischen Eigentümlichkeit befreiten, ihrer eigenen nichtsinnlichen Natur entsprechenden Form. Bei solchem Verhältnisse des empirischen Bewusstseins zur Seele selbst ist es nun möglich, vom empirischen Bewusstsein aus zur Erkenntnis des Wesens der Seele zu gelangen. Wir brauchen nur von der empirischen Form unsres Bewusstseins zu abstrahieren, um in dem nach dieser Abstraktion verbleibenden Bewusstsein das der Seele wesenseigne Bewusstsein zu besitzen. Auf dem Standpunkte unsrer dermaligen Betrachtung ist das empirische Bewusstsein Anschauung der Seelenthätigkeit unter der Form der Zeit. Aufgefasst unter der Form der Zeit, stellt sich die Seelenthätigkeit als eine Reihe auf einander folgender, einander ablösender Bewusstseinsakte dar. Die Abstraktion von der die Vielzahl der psychischen Akte begründenden Sinnenform der Zeit lässt in diesen vielzähligen Akten als gemeinsame Grundlage das Bewusstsein der Seele von ihrer Identität mit sich selbst zurück. Bei der Voraussetzung, dass unsre Sinnenvorstellung von der Seelenthätigkeit d. i. unser empirisches Bewusstsein bloss die inadäquate Form sei, unter der wir die wesenseigne Thätigkeit der Seele anschauen, müssen die in unsrer empirischen Anschauung der Seele enthaltenen sinnenfreien Vorstellungen oder reinen Begriffe von der Seelenthätigkeit eine von der sinnlichen Unangemessenheit freie Anschauung der wesenseignen Thätigkeit der Seele sein. Den in unsrer empirischen Anschauung der Seelenthätigkeit anzutreffenden reinen Begriffen von der Seelenthätigkeit kommt hiernach objektive Gültigkeit zu; sie gewähren Erkenntnis von der Thätigkeit der Seele an sich selbst. Ein solcher in all unserm empirischen Bewusstsein vorhandener reiner Begriff der Seelenthätigkeit ist das Bewusstsein der Seele von ihrer eigenen Identität im Wechsel der psychischen Vorgänge. Das Bewusstsein der Seele von ihrer Identität mit sich selbst ist mithin ein Verhalten der Seele an sich selbst, eine Bethätigung ihres eigenen Wesens. Als Natur der Seele ergiebt sich demnach ihr Bewusstsein von ihrer Identität mit sich selbst. Der Begriff der Seele als psychischen Realgrundes giebt uns also die Seele zu erkennen als ein nichtsinnliches Wesen, dessen Natur darin bestehe, seine Identität mit sich selbst vorzustellen. Der Begriff des an sich selbst vorstellenden, an sich selbst bewussten Seelenwesens kommt zu stande, indem der Begriff der Substanz im Sinne des Realgrundes auf das in all unserm empirischen Bewusstsein enthaltene identische Subjekt der psychischen Vorgänge angewendet wird. Es ist also die Intellektuierung des empirischen Bewusstseins, durch welche dieser Seelenbegriff zuwege kommt. Unsre psychischen Zustände treten allerdings als Modifikationen eines identischen psychischen Subjektes auf, und der Begriff eines solchen Subjektes ist daher ein Bestandteil unsres empirischen Bewusstseins, und zwar besitzt unser empirisches Bewusstsein in ihm einen nichtsinnlichen Bestandteil, nichtsinnlich, weil das identische psychische Subjekt als Bedingung der Möglichkeit alles empirischen Bewusstseins der psychischen Wahrnehmung vorausgeht und daher von ihr unabhängig ist. Aber der nichtsinnliche Begriff des identischen psychischen Subjekts ist uns auch nur als Bestandteil des empirischen Bewusstseins gegeben; wir finden das identische psychische Subjekt in uns nicht anders denn als Subjekt eines durch den innern Sinn wahrnehmbaren Zustandes. Der nichtsinnliche Begriff des identischen psychischen Subjekts führt also in unserer psychischen Erfahrung eine von ihm unabtrennbare Beschränkung auf die Bedingung innerer Wahrnehmung bei sich; ihn von dieser Einschränkung befreien, würde daher heissen, der psychischen Erfahrung widersprechen. Laut der psychischen Erfahrung ergiebt das nichtsinnliche psychische Subjekt nur in seiner Beziehung auf ein durch den innern Sinn wahrnehmbares Geschehen ein seiner selbst bewusstes Subjekt. Wir haben daher kein Recht, dem nichtsinnlichen psychischen Subjekte in seiner Loslösung von dieser Beziehung das Vorstellen seiner selbst oder das Bewusstsein beizulegen. Dies letztere geschieht aber, indem das nichtsinnliche psychische Subjekt als psychische Substanz im Sinne des Realgrundes aufgefasst wird. Diese Auffassung beruht eben auf der Intellektuierung des empirischen Bewusstseins. Diese besteht gerade darin, dass der im empirischen Bewusstsein enthaltene nichtsinnliche Begriff des identischen psychischen Subjekts losgelöst von der empirischen Bedingung seines Gebrauchs als Erkenntnis vom Wesen dieses nichtsinnlichen Subjekts behandelt wird.

Die an sich bewusste Seele hat zum Gegenstande ihres Bewusstseins nur sich selbst und zwar sich selbst als ein Wesen, dessen Natur in seiner Beziehung auf sich selbst, in seiner Identität mit sich selbst aufgeht. Die Annahme der an sich bewussten Seele kommt durch Anwendung des Substanzbegriffs auf das in allen unsern psychischen Zuständen mitgesetzte einheitliche Ich zu stande. Was also zur Annahme der Seele führt, ist das Bewusstsein als Selbstbewusstsein, nicht als Bewusstsein von anderem. Daher fordert das Gesetz analytischer Begriffsentwickelung, dass der Seele als ihre Wesensbestimmtheit das Bewusstsein ihrer selbst beigelegt werde, zunächst ohne Rücksicht auf das in ihrem Bewusstsein von sich selbst mitgesetzte Bewusstsein von anderem. Das Ich aber, das durch Übernahme der Würde einer Substanz zur Seele wird, hat keinen andern Inhalt als den der unterschiedslosen Identität mit sich selbst; seiner Beschränkung auf diesen Inhalt verdankt es gerade seine Fähigkeit, das Subjekt zu sein, das die psychischen Vorgänge insgesamt zu Prädikaten hat. Das Gesetz analytischer Begriffsentwicklung fordert daher weiter, dass die Seele als ein Wesen von durchaus einfacher, keinem inneren Unterschiede zugänglicher Beschaffenheit gefasst werde. Sich selbst in ihrer völligen Einfachheit und Unterschiedslosigkeit vorzustellen, das ist das ausschliessliche Geschäft der an sich selbst vorstellenden Seele; so fordert es die ganze Entstehung des Begriffs einer an sich selbst vorstellenden Seele. Unter den mancherlei Ausgestaltungen, welche der Begriff der Seele im Sinne des psychischen Realgrundes in den philosophischen Systemen findet, ist nach der ganzen Entstehungsgeschichte dieses Seelenbegriffs diejenige die richtigste und folgebeständigste, durch welche die Seele am strengsten auf das Geschäft eingeschränkt wird, ihre unterschiedslose Identität mit sich selbst vorzustellen. Nun soll jeder Seelenbegriff als Prinzip der Erklärung der psychischen Erscheinungen dienen. Es ist leicht zu sehen, in welchem Sinne eine nur mit der Erzeugung von Bewusstsein ihrer eignen Identität beschäftigte Seele Erklärungsgrund der psychischen Erscheinungen sein kann. Aus einer Seele, deren Thätigkeit in dem Vorstellen ihrer Identität mit sich selbst aufgeht, lässt sich nicht der psychische Vorgang als Ganzes herleiten, sondern nur das in ihm enthaltene Bewusstsein der Seele von ihrer Identität. Eine Erklärung der psychischen Vorgänge, die als Erklärungsgrund eine nur mit dem Vorstellen ihrer Identität beschäftigte Seele voraussetzt, kann die psychischen Vorgänge nicht nach ihren gegebenen Eigentümlichkeiten und ihren Unterschieden von einander, sondern nur als Akte des Bewusstseins der Seele von ihrer Identität in Betracht ziehen. Alles, was die psychischen Vorgänge noch über den in ihnen allen gleichen Akt des Bewusstseins der Seele von ihrer Identität sind, verliert hier die eigene, ursprüngliche Bedeutung; es wird als zufällige Bestimmtheit des Bewusstseins der Seele von ihrer Identität, als der gleichgültige Stoff, an dem die Seele dieses ihr Bewusstsein erzeugt, beiseite gelassen. Der Begriff der an sich selbst vorstellenden Seele oder, was dasselbe ist, der Begriff der Seele als psychischen Realgrundes ist also, je strenger und folgerichtiger er gefasst ist, um so weniger geeignet, Erklärungsgrund der gegebenen Mannigfaltigkeit der psychischen Vorgänge und ihrer unterscheidenden Eigentümlichkeiten zu sein. Aber es ist eine unerlässliche Anforderung an den Seelenbegriff, dass er aus sich die psychischen Vorgänge auch von seiten ihrer gegebenen Besonderheiten und Unterschiede ableiten lasse. Die Unterschiede der psychischen Vorgänge von einander sind so ursprünglicher Natur, unser Bewusstsein ist in jeder Art unsrer psychischen Zustände so ungleichartig bestimmt, dass die psychischen Vorgänge sich nicht in lauter Bewusstsein der Seele von ihrer Identität auflösen lassen, sondern beim Versuche solcher Auflösung einen Rest ergeben, der seine Ableitung aus der Natur der Seele nicht minder dringend erheischt, wie das in allen psychischen Vorgängen als gemeinsamer Bestandteil enthaltene Bewusstsein der Seele von ihrer Identität. Unterschiede unserer psychischen Zustände, wie die, welche zwischen unseren Erkenntnissen und unseren Lust- und Unlustzuständen oder zwischen diesen beiden Arten psychischer Vorgänge und unseren Begehrungen bestehen, — so tiefgehende Unterschiede lassen sich nicht als gleichgültige Modifikationen des Bewusstseins der Seele von ihrer Identität behandeln, welche der Ableitung aus dem Wesen der Seele gar nicht würdig seien. Durch die strenge Fassung des Begriffs einer an sich selbst vorstellenden Seele nicht befriedigt, wird daher das Interesse der Erklärung des spezifisch Unterschiedenen an den psychischen Vorgängen der Antrieb zu einer zweiten, zwar minder folgerichtigen, aber um so gangbareren Fassung des Begriffs der an sich bewussten Seele. Es entsteht ein Seelenbegriff, welcher den Grund und die Möglichkeit aller der Veränderungen, die die von sich wissende Seele in der Mannigfaltigkeit der psychischen Vorgänge erfährt, in das Wesen der Seele selbst hineinzieht, indem er die Seele von vornherein mit der Fähigkeit ausstattet, Veränderungen ihres Bewusstseins von sich selbst zu erleiden. Es ist der Begriff einer mit mehreren ursprünglichen Vermögen ausgerüsteten Seele, den wir hier charakterisieren. Der Begriff der mit ursprünglichen Vermögen begabten Seele gilt uns als der Seelenbegriff der allgemeinen Meinung. Freilich in jener grob sinnlichen Fassung, nach welcher die Seele ich weiss nicht was für ein Wesen ist, das drei von einander unabhängige Organe besitze, eins zum Vorstellen, eins zum Fühlen und eins zum Wollen, gerade wie der Leib mit mehreren getrennt funktionirenden Sinneswerkzeugen versehen ist, — in dieser ihrer gröbsten Fassung kommt uns die Lehre von den Seelenvermögen hier nicht in Betracht. Das verböte schon der Zusammenhang, in welchem wir hier den Begriff der Seelenvermögen auftreten lassen. Wir sehen in dem Begriffe der mit mehreren ursprünglichen Vermögen ausgerüsteten Seele eine zweite Form des Begriffs der an sich bewussten Seele, bestimmt zu einer Korrektur der ursprünglichen Form dieses Seelenbegriffs. Der Begriff einer nur ihre eigene Identität vorstellenden Seele ist, so sahen wir, ein unzulänglicher Erklärungsgrund der psychischen Vorgänge; aus diesem Erklärungsgrunde lassen sich die psychischen Vorgänge nur nach dem in ihnen allen enthaltenen Bewusstsein der Seele von sich selbst, nicht aber nach ihren spezifischen Unterschieden ableiten. Auf dem Standpunkte, auf welchem in den psychischen Vorgängen ein Bewusstsein der Seele von sich selbst gefunden wird, müssen die gegebenen Unterschiede der psychischen Vorgänge von einander als Unterschiede im Bewusstsein der Seele von sich selbst gelten. Wird freilich die ihrer selbst bewusste Seele als ein Wesen von vollkommener Identität mit sich selbst gefasst, so werden diese Unterschiede ihres Bewusstseins nur als unliebsame Störungen der Identität desselben behandelt und zu Gunsten dieser Identität thunlichst ignoriert. Dagegen wenn die Unterschiede der psychischen Vorgänge von einander ihr Recht behaupten und so der Begriff von Unterschieden des Bewusstseins der Seele von sich selbst zu erhöhter Bedeutung gelangt, kann die Seele nicht mehr als ein Wesen von starrer Identität mit sich selbst gelten, es muss ihr vielmehr von vornherein eine gewisse Veränderlichkeit zugeschrieben werden, und ihr Bewusstsein von sich selbst muss entsprechend dieser Veränderlichkeit ihres Wesens von vornherein mit der Fähigkeit ausgestattet werden, sich auf gewisse Art zu verändern, eine gewisse Mannigfaltigkeit der Formen anzunehmen. Eine Seele nun, die innerhalb ihrer Identität für eine gewisse Veränderlichkeit Raum hat und deren Bewusstsein von sich selbst daher ursprünglich eine gewisse Fähigkeit besitzt, sich abzuändern, eignet sich allerdings zum Erklärungsgrunde der psychischen Vorgänge nicht bloss nach seiten des in ihnen enthaltenen Bewusstseins der Seele von ihrer Identität, sondern auch nach seiten der in ihnen gegebenen Unterschiede des Bewusstseins der Seele von sich selbst. Die dem Bewusstsein der Seele von sich selbst ursprünglich eigenen Möglichkeiten, sich abzuändern, sind es, die den Namen der Seelenvermögen tragen. Die Seelenvermögen sind hier als ursprüngliche Dispositionen des Bewusstseins der Seele von sich selbst gefasst, als die ursprünglichen Fähigkeiten dieses Bewusstseins, sich zu modifizieren. In dieser Fassung wollen die Seelenvermögen keinen Widerspruch mit der Einheit des Bewusstseins der Seele von sich selbst darstellen: sie treten, indem sie blosse Modifikationen dieses einheitlichen Bewusstseins, freilich ursprüngliche Modifikationen desselben sein wollen, gerade in und an dem einen Bewusstsein der Seele von sich selbst auf, wollen dieses also in sich schliessen, mithin innerhalb des Bewusstseins der Seele von sich selbst keinen Unterschied begründen, der mit der Einheit dieses Bewustseins unvereinbar wäre. So genommen als ursprüngliche Dispositionen des Bewusstseins der Seele von sich selbst, eine mit seiner Identität verträgliche Mannigfaltigkeit von Formen anzunehmen, scheinen die Seelenvermögen im stande, die Veränderungen zu erklären, welche das Bewusstsein der Seele von sich selbst in der Mannigfaltigkeit der psychischen Vorgänge erfährt. Wenn so die Seelenvermögen ihren Platz in der ihre Identität vorstellenden Seele nehmen — und nur in solcher Stellung können sie überhaupt in der Geschichte des philosophischen Seelenbegriffs in Betracht kommen, — so ist der Begriff der mit Vermögen begabten Seele aufzufassen als eine Art Korrektur des Begriffs einer nur ihre beziehungslose Identität vorstellenden Seele, als eine Korrektur, welche den Seelenbegriff zum Erklärungsgrunde auch der Unterschiede im Bewusstsein der Seele von sich selbst, wie die Mannigfaltigkeit der psychischen Vorgänge sie aufweist, tauglich machen soll. Der Begriff der mit Vermögen begabten Seele steht so neben dem Begriffe der bloss ihre Identität vorstellenden Seele als eine zweite Form vom Begriffe der an sich bewussten Seele oder der Seele als psychischen Realgrundes.

Eine besonders scharfe Kritik erfährt der Begriff einer mit ursprünglichen Vermögen ausgerüsteten Seele durch die Herbartsche Psychologie. Nach Herbart ist nicht die Seele selbst das Subjekt des psychischen Thuns und Leidens. Als einfaches Wesen sei die Seele allem Geschehen entrückt. Alles Geschehen sei ein Anderswerden, eine Veränderung der Qualität dessen, an dem sich das Geschehen vollziehe. Das Seiende sei das schlechthin Unveränderliche. Von der Seele als einfachem Wesen könne nichts gelten, wodurch sie zu einem Veränderlichen gestempelt würde. Sie könne nichts werden, sie mache keinerlei Entwickelung durch, sie habe daher auch keinerlei Anlage, die sie zu entwickeln hätte, keine ursprüngliche Mitgift von Gesetzen und Formen der Anschauung und des Denkens, von Prinzipien des Wollens. Sie sei weder vorstellendes, noch fühlendes, noch wollendes Subjekt, denn dann wäre sie ein Wesen, das sich entweder von Wesen ausser ihm affizieren liesse oder das sich selbst von innen heraus affizierte, in beiden Fällen aber erlitte sie einen Wechsel ihrer Qualität und entbehrte so der dem Seienden zukommenden Unveränderlichkeit. Nach Herbart kann das Vorstellen, Fühlen und Wollen, eben weil es eine Qualitätsveränderung des vorstellenden, fühlenden und wollenden Subjektes sei, nicht ein Verhalten der Seele selbst sein, die als einfaches Seiendes jeder Veränderung der Qualität unzugänglich sei; die Vorstellungen, Gefühle und Strebungen sind nach Herbart nicht Zustände, welche die Seele selber hätte und wüsste. An Stelle der Seele, die er jeglicher Entwickelung entrückt, macht Herbart die einfachen Vorstellungen d. i. die Selbsterhaltungen der Seele gegen andere einfache Wesen, mit denen die Seele im Zusammen ist, zum Subjekte alles psychischen Geschehens. Den Vorstellungen komme die Fähigkeit der Veränderung und Entwickelung zu, die dem einfachen Seelenwesen abgehe. Das ganze psychische Geschehen sei nichts als ein Geschehen an und mit den Vorstellungen; das psychische Thun und Leiden sei ein Thun und Leiden der Vorstellungen. Unser Wissen, Fühlen und Wollen sei nichts als Wechselwirkung der Vorstellungen; das Ich, das in uns weiss, fühlt und will, sei eine Vorstellung, sein Wissen, Fühlen und Wollen die Wechselwirkung dieser Vorstellung mit den übrigen Vorstellungen. Sind aber die psychischen Vorgänge nur Gebilde, die der Verlauf der Wechselwirkung der Vorstellungen hervorruft, so haben sie in dieser Wechselwirkung ihr ganzes Bestehen und sind ausser derselben und vor ihr in keiner Weise vorhanden. Die psychischen Vorgänge sind dann nicht schon, bevor sie wirklich werden, in der Seele der Form nach prädisponiert, vielmehr fällt Möglichkeit und Wirklichkeit der psychischen Vorgänge völlig in eins zusammen. Die Annahme der Seelenvermögen aber beruht nach Herbart gerade auf der Spaltung von Möglichkeit und Wirklichkeit der psychischen Vorgänge; die Seelenvermögen sind ihm die blosse Form der psychischen Vorgänge, in der Seele von vornherein vorhanden gedacht, stets bereit, den psychischen Stoff in sich aufzunehmen und ihm ihren Charakter einzuprägen. So aufgefasst, muss der Begriff der Seelenvermögen allerdings als gänzliche Verirrung der Spekulation gelten. Die Spaltung der psychischen Erscheinungen in eine in der Seele präexistierende Form derselben und den von dieser Form erwarteten und zu gestaltenden Stoff ist schnurstracks einer Theorie zuwider, nach welcher die psychischen Vorgänge lediglich in einer Wechselwirkung von Vorstellungen bestehen und daher im Akte dieser Wechselwirkung ganz, als unteilbare Einheit von Form und Stoff gegeben sind. Dieser direkten Widerlegung der Annahme der Seelenvermögen fügt die Herbart'sche Kritik noch einen indirekten Beweis der Unmöglichkeit der Seelenvermögen hinzu, indem sie die Annahme solcher Vermögen als einen Widerspruch mit der Voraussetzung der Einfachheit der Seele darthut. Die Vermögenlehre könne das Verhältnis der einzelnen Seelenvermögen zu einander nur auf zwei Arten bestimmen; entweder nehme sie einen Kausalzusammenhang der Vermögen an oder sie leugne einen solchen. Im letzteren Falle stelle sich jedes einzelne Seelenvermögen als ein selbständiges Prinzip psychischer Wirkungen dar, und so werde die Mehrheit der Vermögen zu einem Aggregate psychischer Kräfte. Dieses Aggregat aber lasse sich nicht dem streng einfachen, raum- und zeitlosen Seelenwesen einverleiben, sonst werde dieses in eine Mehrheit von Teilen zerspalten und so aus der einfachen Seele ein zusammengesetztes Wesen gemacht. Werde aber ein Kausalzusammenhang der einzelnen Seelenvermögen unter einander behauptet, so fordere der Begriff einer Wechselwirkung der Vermögen, dass jedes derselben die Ursache der Wirksamkeit aller anderen sei; aber als äussere Ursachen einander zur Wirksamkeit zu bestimmen, das sei nicht Aufgabe der Kräfte des nämlichen Wesens, die ja nur Erklärungsprinzip ihrer eigenen inneren Leistung sein sollen, sondern Aufgabe von selbständigen Wesen, und so diene auch die Annahme des Kausalzusammenhanges der Vermögen, weit entfernt, ein Mittel der Wahrung der Einheit der Seele zu sein, gerade als Mittel, die einfache Seele in ein Aggregat selbständiger Wesenheiten zu spalten. Was unser eigenes Urteil über die Annahme der Seelenvermögen betrifft, so brauchen wir ein solches hier nicht auf Grund irgendwelcher positiven Voraussetzungen über die Natur der Seele abzugeben; uns muss schon die Betrachtung der Stellung, welche der Begriff der vermögenbegabten Seele in der Geschichte des philosophischen Seelenbegriffs einnimmt, zu einem Verdikte gegen die Annahme der Seelenvermögen führen. Wir haben in der Annahme der mit Vermögen begabten Seele eine besondere Form vom Begriff der an sich vorstellenden Seele gefunden. Der Begriff der an sich bewussten Seele aber ergab sich uns seinem ganzen Ursprunge nach als der Begriff einer sich in ihrer beziehungslosen Identität vorstellenden und darum streng einfachen Seele. Die an sich bewusste Seele ist ihrem Begriffe nach ein Wesen, dessen Natur im Bewusstsein seiner völligen Identität mit sich selbst aufgeht. In der strengen Einfachheit dieses Selbstbewusstseins haben keinerlei Unterschiede Raum. Freilich erklären sich bei so streng einfachem Bewusstsein der Seele nicht jene thatsächlichen Unterschiede im Bewusstsein der Seele von sich selbst, wie sie in der Mannigfaltigkeit der psychischen Vorgänge hervortreten, und gerade dieser Mangel giebt den Anlass dazu, dass sich neben den Begriff einer Seele von völlig einfachem Bewusstsein der Begriff einer Seele von beschränkt veränderlichem Bewusstsein stellt. Es ist dies eben der Begriff der mit einer Mehrheit ursprünglicher Vermögen begabten Seele. Er ist dazu bestimmt, die von der Seele in der Mannigfaltigkeit der psychischen Zustände erfahrenen Veränderungen ihres Bewusstseins von sich selbst erklärlich zu machen. Allein das völlig einfache Bewusstsein, das der an sich bewussten Seele dem Ursprunge ihres Begriffs nach zugesprochen werden muss, schliesst selbst die geringste Veränderlichkeit als mit sich unverträglich von sich aus. Die an sich bewusste Seele kann bloss eine Seele von strenger Einfachheit des Bewusstseins sein. Der Begriff einer Seele von völliger Einfachheit des Bewusstseins ist die einzige folgerechte Form, die der Begriff der an sich bewussten Seele seinem Ursprunge nach annehmen kann. Die Voraussetzung mehrerer ursprünglicher Vermögen der Seele steht, so erklärlich auch das Interesse derselben ist, in unlöslichem Widerspruche mit dieser Einfachheit des Bewusstseins, die von der an sich bewussten Seele gelten muss.

Unsre bisherige Darstellung hat dem Begriffe der Seele im Sinne des psychischen Realgrundes gegolten. Dieser Seelenbegriff giebt uns die Seele als das Subjekt unseres Bewusstseins zu erkennen, zwar nicht unsres empirischen Bewusstseins als solchen, wohl aber eines unserm empirischen Bewusstsein immanenten reinen Bewusstseins, von dem unser empirisches Bewusstsein bloss der unangemessene, undeutliche Ausdruck sei. Empirisch sei an unserm Bewusstsein d. i. an dem Vorstellen oder Anschauen unser selbst nur die Form, unter der wir uns selbst vorstellen; der Gegenstand aber, der, indem wir unser selbst empirisch bewusst werden, von uns angeschaut werde, sei unser nichtsinnliches Ich. Unser empirisches Bewusstsein sei daher dem Inhalte nach ein Anschauen des nichtsinnlichen Ich, und wenn es uns gleichwohl ein sinnlich bestimmtes Ich zu erkennen gebe, so sei dieser sinnliche Charakter unsres Ich bloss die unangemessene, undeutliche Form, unter der von uns das nichtsinnliche Ich angeschaut werde. Diese in unserm empirischen Bewusstsein enthaltene Anschauung unsres nichtsinnlichen Ich könne nun auch für sich, losgelöst von der ihr anhaftenden empirischen Form, unsere Anschauung werden. Wenn unsre sinnliche Vorstellung von unserm Ich dem Objekte nach Anschauung des Ich an sich oder des nichtsinnlichen Ich sei und alles Inadäquate an ihr bloss ihre Form betreffe, so müsse doch unsere von der Bedingung der Sinnlichkeit abstrahierende Vorstellung von unserm Ich eine adäquate Anschauung des nichtsinnlichen Ich sein, und wir hätten also, um die unsrer empirischen Anschauung von unserm Ich immanente reine Anschauung vom Ich zu unserm ausdrücklichen Besitze zu machen, bloss dem in der empirischen Anschauung vom Ich enthaltenen und durch sie belegten Begriffe vom Ich seine Einschränkung auf die sinnliche Anschauung zu benehmen. Dieser reine Begriff vom Ich, von dem die empirische Anschauung des Ich bloss die unangemessene Realisierung sei, sei eben eine von uns besessene adäquate Anschauung des nichtsinnlichen Ich. Nun gebe unsre empirische Anschauung vom Ich, wie das empirische Bewusstsein sie gewähre, uns das Ich zu erkennen als ein mannigfach modifiziertes, als ein seine Identität im Wechsel mannigfaltiger Zustände behauptendes. Dies komme daher, dass wir unser Ich unter der Form der Zeit als des Prinzipes des Wechsels anschauen. Der von dieser sinnlichen Form der Anschauung abstrahierende Begriff des Ich führe uns daher das Ich vor unberührt von jedem Wechsel der Zustände, aufgehend in der ungestörten Behauptung seiner Identität. Indem wir also unter Abstraktion von all den wechselnden Beziehungen, in welche unser Ich in den Akten des empirischen Bewusstseins verflochten sei, bloss die in jedem dieser Akte enthaltene reine Beziehung des Ich auf sich selbst vorstellen, seien wir im Besitze der unserm empirischen Bewusstsein immanenten reinen Anschauung vom Ich. Diese reine Anschauung vom Ich gebe uns so das Ich an sich oder das nichtsinnliche Ich als ein im Bewusstsein seiner unwandelbaren, beziehungslosen Identität aufgehendes Ich zu erkennen. Im Besitz des Bewusstseins seiner reinen Identität zu sein, darin bestehe das Wesen des nichtsinnlichen Ich. Das nichtsinnliche Ich aber, als Gegenstand der Anschauung genommen, sei die Seele. Adäquate Anschauung vom nichtsinnlichen Ich haben, heisse, adäquate Erkenntnis der Seele besitzen. So gebe sich denn die Seele zu erkennen als ein Wesen, dessen Natur es sei, sich seiner reinen, unwandelbaren Identität bewusst zu sein. Nun sei das reine Bewusstsein, als dessen Besitzerin sich die Seele ergeben habe, ein unserm empirischen Bewusstsein immanentes Bewusstsein; unser empirisches Bewusstsein sei ja nichts als der unangemessene Ausdruck, die Modifikation dieses reinen Bewusstseins. Das empirische Bewusstsein zeige sich so als die Modifikation des der Seele an sich selbst eigenen Bewusstseins. Die Seele aber stelle sich dar als das Subjekt alles unsres Bewusstseins, auch des empirischen, als das Wesen, dessen Äusserung all unser Bewusstsein sei, als die immanente Ursache unsrer psychischen Zustände, als psychischer

Realgrund. Die hier entwickelte Erkenntnis von der Seele ist
durch Intellektuierung des empirischen Bewusstseins gewonnen. Die
Theorie der Seele als des psychischen Realgrundes benutzt das empirische Bewusstsein, um aus ihm Erkenntnis vom Wesen der Seele
herzuleiten. Das gerade ist der Punkt, an welchem die Kant'sche
Untersuchung über den Seelenbegriff einsetzt. Darf das empirische
Bewusstsein als Quelle von Erkenntnissen über das Wesen der Seele
behandelt werden? Kann durch Intellektuierung des empirischen
Bewusstseins Erkenntnis vom Wesen der Seele erlangt werden?
Das ist die Frage, welche durch Kants psychologische Kritik auf-
geworfen und beantwortet wird.

Es ist die Theorie von der Seele als dem psychischen Realgrunde, durch deren Kritik Kant seinen eigenen Seelenbegriff ge-
winnt. Nach der von Kant kritisierten Seelentheorie sind die
psychischen Vorgänge, wie sie der innere Sinn uns beobachten
lässt, Wesensäusserungen der Seele selbst; in dem unsrer inneren
Beobachtung gegebenen psychischen Leben sei das Leben der Seele,
wie es an sich selbst sei, enthalten, und ob auch die Form, in der
der innere Sinn uns das psychische Leben aufzeige, dem Ansich
des Seelenlebens nicht adäquat sei, so seien die psychischen Vorgänge doch ihrem Inhalte nach das Ansich des Seelenlebens, und
es sei bloss die Abstraktion von der sinnlichen Form unsrer Anschauung der psychischen Vorgänge dazu erforderlich, dass sich
diese Anschauung in Anschauung vom Leben der Seele an sich
selbst verwandele. Nach der Voraussetzung, dass die Seele der
Realgrund der psychischen Vorgänge sei, lässt sich also das empirische Bewusstsein durch die Abstraktion von seiner sinnlichen
Form in eine Anschauung von der Seele an sich selbst umsetzen.
Die Theorie von der Seele als psychischem Realgrunde findet die
Seele, indem sie das in allem empirischen Bewusstsein als Bedingung desselben enthaltene identische Ich zu einem von uns angeschauten Gegenstande macht. Nach dieser Theorie ist das empirische Bewusstsein dem Objekte nach eben Anschauung des identischen Ich, wenn auch unter inadäquater Form, und durch die
Abstraktion von seiner unangemessenen Form wird es daher zu
einer von uns besessenen adäquaten Anschauung des identischen
Ich d. i. zur gegenständlichen Erkenntnis der Seele. Das als

Objekt genommene identische Ich muss ein nichtsinnliches Objekt sein, die uns zugeschriebene adäquate Anschauung des identischen Ich mithin eine nichtsinnliche Anschauung. Die Kritik der Theorie von der Seele als psychischem Realgrunde hat daher vor allem zu fragen, ob das empirische Bewusstsein dem Objekte nach wirklich Anschauung des reinen Ich sei, ob also das empirische Bewusstsein eine Anschauung des reinen Ich in sich schliesse, ob wir mithin vom empirischen Bewusstsein aus zur Anschauung des reinen Ich gelangen können und so das reine Ich für uns Gegenstand einer ihm angemessenen d. i. nichtsinnlichen Anschauung sein könne. Diese Frage ist es denn, welche Kant in den Mittelpunkt seiner kritischen Erörterung stellt.

Kant bestreitet die Möglichkeit, dass das identische Subjekt der psychischen Vorgänge der Gegenstand einer nichtsinnlichen Anschauung für uns werde. Er führt den Beweis dieser Unmöglichkeit zunächst aus der Natur des identischen Ich. Wir geben im folgenden eine kurze Darstellung von Kants Gedankengange. Was die Bestimmung hat, von uns angeschaut und erkannt zu werden, muss als Prädikat eines Subjektes auftreten. Jeder Gegenstand wird vermittelst seiner Beschaffenheiten erkannt; diese sind es, wodurch ein Objekt sich vom andern unterscheidet, und ein Objekt erkennen, heisst eben, von demselben eine hinsichtlich aller seiner möglichen Beschaffenheiten bestimmte Vorstellung haben. Jeder unsrer psychischen Zustände nun stellt sich als Prädikat eines psychischen Subjektes dar. Dass uns der innere Sinn soviele Subjekte zu erkennen giebt, als wir psychische Zustände haben, davon ist der Grund gerade der, dass jeder psychische Zustand ein Prädikat ist, durch welches das Subjekt dieses Zustandes sich von dem Subjekte jedes anderen psychischen Zustandes unterscheidet. Nehmen wir die gegebenen psychischen Zustände sämtlich hinweg, so verschwindet die Vielzahl der psychischen Subjekte in uns, um einem einzigen, im Wechsel der psychischen Zustände mit sich selbst identischen Subjekte Platz zu machen. Die psychischen Zustände sind also die Prädikate, durch welche das in sich selbst unterschiedslose, für alle psychischen Zustände gleichgeltende Subjekt individualisiert und bestimmt wird, so dass von ihm erst Erkenntnis möglich wird. Prädikate haben die Bestimmung, von dem Subjekte, dessen Prädikate sie sind, Erkenntnis zu liefern; die Summe der Prädikate des Subjekts ist der Inbegriff dessen, was an dem Subjekte erkennbar ist. Als die Prädikate des psychischen Subjekts sind also die psychischen Zustände das, was am psychischen Subjekte erkannt wird; der Inbegriff der psychischen Zustände ist der Inbegriff unsrer Erkenntnis vom psychischen Subjekte. Sind so die Prädikate eines Subjekts alles, was wir von dem Subjekte erkennen, beschränkt sich mithin unsre Erkenntnis von einem Subjekte auf die Erkenntnis seiner Prädikate, so muss ein Subjekt, welches voll und ganz erkannt werden soll, also erkannt werden soll auch nach dem, was es noch über seine Prädikate ist, selber wieder im Prädikatsverhältnis zu einem andern Subjekte stehen. Beschränkt sich alle unsre Erkenntnis von Subjekten auf die Erkenntnis ihrer Prädikate, so muss der Grund dieser Beschränkung im Wesen alles Erkennens liegen; die Erkenntnis muss ihrer Natur nach Anschauung eines Prädikatsverhältnisses sein. Soll also ein Subjekt auch nach dem, was es noch ausser seinen eignen Prädikaten ist, Objekt der Erkenntnis sein, soll es durch und durch erkannt werden, so muss es selber als Prädikat eines andern Subjekts können vorgestellt werden. Mit den Gegenständen der Erfahrung verhält sich das so: diese sind nicht selbst letzte Subjekte, sondern in unendlichem Regress ein jeder als Prädikat in einem höheren Subjekte begründet, und eben darauf beruht ihre volle Erkennbarkeit. Das identische psychische Subjekt aber soll ein letztes Subjekt sein, ein Subjekt, das nicht selbst wieder als Prädikat eines Subjektes vorgestellt werden kann; in ihm sollen ja die psychischen Vorgänge insgesamt begründet sein, es soll der zureichende Grund derselben, das dieselben durchgängig Bedingende sein. Eben seiner absoluten Subjektnatur halber kann das identische Subjekt der psychischen Vorgänge kein Gegenstand der Erkenntnis sein. Dieses Subjekt hat gar nicht die Bestimmung, erkannt zu werden, sonst dürfte es eben nicht ein absolutes Subjekt sein. Die Unerkennbarkeit des identischen Ich ergiebt sich so als die Folge seiner absoluten Subjektnatur. Als das absolute Subjekt der psychischen Vorgänge, als das die psychischen Vorgänge insgesamt Bedingende erweist sich nun das identische Ich, sofern es das ist, was die psychischen Vorgänge eben zu Vorgängen in uns macht und sie uns als unsre Zustände zum Bewusstsein kommen lässt. Mit andern Worten, darauf, dass die psychischen Vorgänge sich als Prädikate an ein identisches Subjekt in uns anheften, beruht es gerade, dass wir diese Vorgänge als in uns geschehend und als uns selber angehörig erfahren; das identische psychische Subjekt hat die Aufgabe, ein bestimmtes Geschehen zum Inhalte unsres Bewusstseins zu machen. Auf der Bedingung eines identischen Subjektes in uns, das alles, was unsre Vorstellung, unser Gefühl, unsre Begehrung sein soll, in sich als Prädikat begründet, beruht das ganze Phänomen des Bewusstseins. Das absolute Subjekt der psychischen Vorgänge ergiebt sich so als die Form alles Bewusstseins überhaupt. Als Form des Bewusstseins überhaupt ist das identische Subjekt der psychischen Vorgänge nichts als das in allen meinen innern Zuständen enthaltene Bewusstsein, dass ich diese Zustände habe, dass sie mir als die meinigen angehören. Dieses Vehikel aller meiner Vorstellungen, Gefühle und Begehrungen macht eben diese Vorgänge zu Vorgängen in mir, zum Inhalte meines Bewusstseins. Wurde oben die Unfähigkeit des identischen Ich, Objekt unsrer Erkenntnis zu sein, aus seiner reinen Subjektnatur abgeleitet, so lässt sich diese seine Unfähigkeit hier auf seine Eigentümlichkeit als Form alles Bewusstseins gründen. Als die blosse Form des Bewusstseins ist das identische Subjekt der psychischen Vorgänge das, was ein Geschehen zu einem Geschehen in mir, zum Inhalte meines Bewusstseins macht, also das, worauf erst die Möglichkeit von Objekten meines Bewusstseins beruht. Dasjenige aber, was ich voraussetzen muss, um überhaupt ein Objekt meines Bewusstseins zu gewinnen, die Bedingung der Möglichkeit von Objekten meines Bewusstseins kann nicht selber Objekt meines Bewusstseins, meiner Erkenntnis sein; diese Bedingung soll ja erst in ihrer Anwendung auf ein Mannigfaltiges von Vorgängen Objekte unsrer Erkenntnis zustande bringen. Die blosse Form des Bewusstseins ist noch nicht selber ein inhaltliches Bewusstsein. Erst indem zu der blossen Form, zu dem blossen Schema des Bezogenseins von Vorgängen auf ein identisches Ich als Subjekt derselben ein Mannigfaltiges solcher Vorgänge wirklich hinzutritt, entsteht ein inhaltliches Bewusstsein. Als blosses Schema des Bewusstseins ist das identische Ich eben kein inhaltliches Bewusstsein und darum auch nicht Objekt unsrer Erkenntnis.

Die Unmöglichkeit, dass das identische Subjekt der psychischen Vorgänge Objekt unsrer Anschauung und Erkenntnis werde, ist im vorhergehenden aus der Natur dieses identischen Subjekts abgeleitet. Kant schlägt noch einen zweiten Weg ein, die nämliche Unmöglichkeit darzuthun. Als Objekt genommen, würde das identische Ich ein nichtsinnliches Objekt sein. Der Begriff des identischen Ich hat sich uns ja als der Begriff des psychischen Unbedingten, des die psychischen Vorgänge insgesamt Bedingenden ergeben. Eine Anschauung, die uns das identische Ich als Objekt adäquat zu erkennen geben sollte, müsste daher eine nichtsinnliche Anschauung sein; nur in nichtsinnlicher Anschauung könnte ein nichtsinnliches Objekt adäquat gegeben sein. Kant sucht nun aus der Eigentümlichkeit unsres empirischen Bewusstseins d. i. unsrer subjektiven Art, unser Ich anzuschauen, zu erweisen, dass diese unsre Art der Anschauung von unserm psychischen Subjekte durch und durch empirischer Natur sei, empirisch nicht bloss der Form, sondern auch dem Objekte nach, dass daher in ihr kein Element einer nichtsinnlichen Anschauung, kein Element der Anschauung eines nichtsinnlichen Objektes enthalten sei. Bei solcher durch und durch empirischen Natur würde sich das empirische Bewusstsein in keiner Weise in nichtsinnliche Anschauung des identischen Ich umsetzen lassen, wir könnten von ihm aus in keiner Weise in den Besitz dieser nichtsinnlichen Anschauung gelangen. Kant findet daher in der Natur unsres empirischen Bewusstseins oder der uns gegebenen Art der psychischen Anschauung einen zweiten Grund der Unmöglichkeit, dass das identische Subjekt der psychischen Vorgänge für uns der Gegenstand einer nichtsinnlichen Anschauung werde. Wie Kant auf Grund der Eigentümlichkeit unsrer psychischen Anschauung uns alle Fähigkeit nichtsinnlicher Anschauung des Ich abspricht, das sei im folgenden kurz dargestellt. Die von uns im empirischen Bewusstsein besessene Anschauung des psychischen Subjekts zeigt uns dieses Subjekt begriffen in einem Wechsel mannigfaltiger Zustände; jeder psychische Vorgang ist ja ein Zustand des psychischen Subjekts, die Anzahl der Zustände des psychischen Subjekts ist daher so gross, wie die Anzahl der psychischen Vorgänge. Der Wechsel der psychischen Zustände ist ein Nacheinander derselben. Unsre gegebene Art, das psychische Subjekt anzuschauen, steht mithin unter der Bedingung des Nacheinander oder unter der Bedingung der Zeit. Die Zeit ist nicht etwa die den Dingen selbst, unabhängig von unsrer sinnlichen Anschauung derselben inhärierende Ordnung ihres Nacheinander. Bezeichnete die Vorstellung der Zeit eine den Dingen an sich selbst eigene Ordnung ihres Gegebenseins, also eine Beschaffenheit der Dinge an sich selbst, so könnte sie uns nur an den Dingen und mit ihnen, nicht aber vor aller wirklichen Erkenntnis von Dingen gegeben sein. Gleichwohl findet dies letztere statt. Das wird bewiesen durch das Vorhandensein notwendiger und allgemeingültiger Erkenntnisse von der Zeit, z. B. des Satzes, dass die Zeit nur eine Dimension habe. Solche Erkenntnisse können nicht den gegebenen Gegenständen abgelernt sein, da alle aus dem Gegebenen abstrahierte Erkenntnis nur im Umfange des gegebenen Falles gilt, also nur zufällige Gültigkeit hat. Notwendige Erkenntnis muss schon vor dem Gegebensein des Gegenstandes, den sie betrifft, möglich sein. Als Quelle notwendiger und allgemeingültiger Erkenntnisse ist uns also die Zeitvorstellung vor den Gegenständen, deren Ordnung die Zeit ausdrückt, gegeben. Nun können wir Erkenntnis von Gesetzen, denen gegenständliche Gültigkeit zukommen soll, vor der Erkenntnis der Gegenstände, die unter diesen Gesetzen stehen, lediglich in dem Falle erwerben, dass es sich um Gegenstände handelt, die ganz und gar nur Produkte der eigentümlichen Anschauungsweise unsres Subjekts, Produkte unsrer Sinnlichkeit sind. Handelt es sich um solche Gegenstände, so können wir allerdings die Gesetze, unter denen sie stehen, erkennen, noch bevor uns die Gegenstände selber gegeben sind. Gegenstände, die gänzlich, nicht nur der Form, sondern auch dem Inhalte nach in die Sphäre unsrer Subjektivität fallen, müssen den Gesetzen dieser Subjektivität durchaus unterworfen sein; diese Gesetze müssen für sie objektive Gültigkeit haben. Die Gesetze unsrer Subjektivität aber können wir von vornherein aus der Natur unsrer Subjektivität ableiten, ohne sie erst den Gegenständen, die sich nach ihnen richten, ablernen zu müssen. Dass also die Zeitgesetze, obwohl von uns a priori erkannt und nicht erst den Gegenständen der Erfahrung abgelernt, dennoch notwendige Gültigkeit für die Gegenstände der Erfahrung besitzen, davon kann der Grund nur der sein, dass diese Gegenstände durch und durch, nach Form wie Inhalt der Sphäre unsrer Subjektivität angehören. Die Erfahrungsgegenstände müssen in der Sphäre unsrer Sinnlichkeit gänzlich aufgehen, sie müssen mit allem, was sie sind, in diese Sphäre fallen, sie dürfen nichts in sich schliessen, was ausser dieser Sphäre läge. Nur unter dieser Bedingung ist es erklärlich, dass die Erfahrungsgegenstände sich nach den Gesetzen unsrer Subjektivität — solche würden die Zeitgesetze eben sein — so unverbrüchlich richten müssen. Andrerseits müssen die Zeitgesetze, um notwendig gültig zu sein für Gegenstände, die lediglich auf dem Gebiete unsrer Subjektivität liegen, und um als solche notwendige Gesetze a priori erkannt werden zu können, gerade Gesetze unsrer Subjektivität selbst sein. Die in der Natur unsrer Subjektivität von vornherein liegenden Gesetze müssen wohl für Gegenstände, deren Wesen in der Sphäre dieser Subjektivität aufgeht, Gültigkeit haben, ebenso wie sie direkt aus der Natur unsrer Subjektivität müssen erkannt werden können, ohne erst den von ihnen beherrschten Gegenständen abgelernt zu werden. Die Zeit ergiebt sich so als das Gesetz unsrer Subjektivität, als die Form unsrer sinnlichen Anschauung. In diesem Satze liegt eine doppelte Aussage. Er sagt erstens, dass alle sinnliche Anschauung von Gegenständen an die Zeitbedingung gebunden sei, dass es also keine solche Anschauung geben könne, die nicht unter der Zeitbedingung stehe. Zweitens sagt er, dass die Zeitgesetze lediglich für Gegenstände gelten, die im Gebiete unsrer Sinnlichkeit aufgehen und die daher durch das Medium unsrer sinnlichen Anschauung adäquat, ihrem ganzen Wesen nach erkannt werden, dass sie jedoch für Gegenstände, die ausser der Sphäre unsrer Subjektivität stehen, deren Erkenntnis daher ohne das Organ unsrer sinnlichen Anschauung erfolgen müsste, d. i. für die Gegenstände an sich selbst keinerlei Gültigkeit haben. Unter solchen Voraussetzungen muss die unter der Bedingung der Zeit stehende Anschauung von Gegenständen eine durch und durch subjektive, sinnliche Art der Anschauung sein. Die zeitliche Anschauung von Gegenständen kann darum keine Seite an sich haben, nach welcher hin aus ihr eine Anschauung nichtsinnlicher Gegenstände werden könnte, sie kann kein Element einer Anschauung nichtsinnlicher Gegenstände in sich schliessen. Es ist daher auch unmöglich, die zeitliche Anschauung von Gegenständen durch irgendwelche Abstraktion von den Bedingungen der Zeitlichkeit in nichtsinnliche Anschauung von Gegenständen umzusetzen. Der Versuch einer solchen Abstraktion würde, weit entfernt, uns aus der zeitlichen Anschauung eine nichtsinnliche Anschauung gewinnen zu lassen, vielmehr eine Aufhebung aller Anschauung von Gegenständen bedeuten. Da alle unsre sinnliche Anschauung die Zeitbedingung als ihr Gesetz, als ihre Form an sich tragen muss, so wäre die Aufhebung der Zeitbedingung eine Aufhebung unsrer gesamten Sinnlichkeit, und diese Aufhebung unsrer Sinnlichkeit wieder würde, da ja die unter der Zeitbedingung angeschauten Gegenstände solche sein sollen, die mit ihrem ganzen Wesen in der Sphäre unsrer Sinnlichkeit aufgehen, zugleich alle Gegenstände unsrer sinnlichen Anschauung nach allem, was sie sind, verschwinden machen. Die Abstraktion von der Zeitbedingung der sinnlichen Anschauung würde also von dem angeschauten Gegenstande nicht das mindeste übrig lassen, was überhaupt noch angeschaut werden könnte; sie ist mithin kein Mittel, die sinnliche Anschauung der Gegenstände in eine nichtsinnliche zu verwandeln. Die zeitliche Anschauung der Gegenstände trägt eben kein Element einer nichtsinnlichen Anschauung in sich; sie ist eine durch und durch sinnliche, eine sowohl der Form, als dem Objekte nach sinnliche Art der Anschauung. Hat sich uns so die zeitliche Anschauung als eine Art der Anschauung, deren Natur durch und durch sinnlich ist, ergeben, so ist damit auch die von uns als empirisches Bewusstsein besessene Anschauung unsres psychischen Subjektes, die uns dieses Subjekt ja in einem Nacheinander von Zuständen aufzeigt, die also eine zeitliche Anschauung ist, als eine Anschauung von durchaus sinnlicher Natur gekennzeichnet. Wie alle unsre unter der Zeitbedingung stehende Anschauung von Gegenständen lediglich eine Bethätigung unsrer Subjektivität ist und wie darum auch alle Gegenstände dieser Anschauung mit ihrem ganzen Wesen dem Gebiete unsrer Subjektivität angehören und in diesem Gebiete ohne Rest aufgehen, so ist auch unsre empirische Anschauung von unserm psychischen Subjekte ausschliesslich eine Wirkung unsrer Subjektivität, und unser empirisches Ich, der Gegenstand dieser Anschauung, muss mit seinem ganzen Wesen in die Sphäre unserer Subjektivität fallen. Das empirische Bewusstsein lässt uns allerdings unser psychisches Subjekt als Gegenstand anschauen, aber dieses von uns angeschaute, von uns als Objekt erkannte Ich ist ein durch und durch unsrer Subjektivität angehöriges Objekt, ein lediglich auf dem Boden unsrer Subjektivität vorhandenes Objekt. Von einem in der Sphäre unsrer Subjektivität aufgehenden Objekte müssen wir eine adäquate Anschauung haben können; ein solches Objekt muss wirklich so beschaffen sein, wie wir es anschauen, es muss uns in unsrer Anschauung von ihm sein Wesen ohne jeden Rest, der unsrer Anschauung unzugänglich bliebe, offenbaren. Das von uns im empirischen Bewusstsein angeschaute Ich ist mithin wirklich so beschaffen, wie es von uns angeschaut wird. Wenn das empirische Bewusstsein uns dieses Ich als vorstellend, fühlend und wollend zeigt, so sind diese Zustände des empirischen Ich nicht etwa die blosse Erscheinung eines an sich selbst ganz anders beschaffenen Verhaltens desselben, sondern adäquate Äusserungen seines Wesens; das empirische Ich ist an sich selbst vorstellend, fühlend, und wollend. Das empirische Bewusstsein zeigt uns unser psychisches Subjekt als sich selbst erfassend und wissend in einem vielfältigen Wechsel von Zuständen, und diese Fähigkeit, Veränderungen des Zustandes zu erfahren, diese Veränderlichkeit ist eine dem empirischen Ich an sich selbst zukommende Beschaffenheit; das empirische Ich ist an sich selbst ein veränderliches Ich. Aber unser Besitz von adäquater Anschauung des empirischen Ich hat zur notwendigen Kehrseite die völlige Subjektivität dieser gesamten Anschauung. Unsre empirische Anschauung des psychischen Subjekts geht in keinem Bestandteile ihres Inhalts auf das psychische Subjekt, wie es ohne die Bedingung unsrer Subjektivität sein würde, auf das Ich an sich selbst. Dann kann uns aber auch die Abstraktion von dem subjektiven Charakter der empirischen Anschauung des Ich in keiner Weise zum Besitze einer Anschauung vom Ich an sich selbst verhelfen. Geht überhaupt unserer empirischen Anschauung vom Ich jegliche Beziehung auf das Ich an sich selbst ab, so kann keine wie immer geartete Bearbeitung dieser Anschauung diese fehlende Beziehung in sie hineintragen. Ist alle unsere empirische Anschauung vom Ich rein subjektiver

Natur. so bedeutet die Aufhebung ihrer Subjektivität die Aufhebung der ganzen empirischen Anschauung, ohne dass eine Anschauung des Ich an sich selbst als Rest bliebe. Die subjektive Anschauung des Ich ist dann die einzige uns gegebene Art der Anschauung des Ich. In und mit der empirischen Anschauung des Ich kann uns dann in keiner Weise eine Anschauung des Ich an sich selbst gegeben sein. Nun enthält das empirische Bewusstsein ausser der Anschauung, die es uns von dem im Wechsel seiner Zustände begriffenen Ich gewährt, allerdings auch eine Hindeutung auf ein Ich, das, unberührt von allem Nacheinander der Zustände, trotz alles Wechsels seiner Zustände in strenger Identität mit sich selbst verharrt. Wir finden in unserm Bewusstsein die Vorstellung dieses reinen, identischen Ich auf Grund einer von uns vollzogenen Abstraktion von den wechselnden Zuständen unsres Ich. Der Gedanke dieses reinen, identischen Ich ist in der That der Gedanke eines Ich, wie es ohne die Bedingung unsrer subjektiven Anschauung sein würde, eines Ich an sich selbst. Der Gedanke eines nichtsinnlichen Ich ist also wirklich ein Bestandteil unsres empirischen Bewusstseins. Aber dieser Gedanke ist in keiner Weise eine Anschauung vom Ich. Unsrer Anschauung ist unser Ich nie anders gegeben, denn modifiziert durch den Wechsel seiner Zustände. Dieser unsrer Anschauung vom Ich aber ist — so sahen wir — durch die Zeitbedingung, unter der sie steht, der Charakter einer völligen Subjektivität aufgedrückt; die unter der Zeitbedingung stehende Anschauung vom Ich enthält kein Element einer Anschauung vom Ich an sich selbst. Der Gedanke des nichtsinnlichen Ich, des Ich an sich selbst kann darum in unserm empirischen Bewusstsein nicht als Anschauung gegeben sein. Er befindet sich darin als ein blosser Begriff, als ein Begriff, zu dessen Realisierung das Bewusstsein uns nicht zugleich die entsprechende Anschauung darbietet. Darum ist es eben unzulässig, dass dieser Begriff in seiner Loslösung von der Zeitbedingung, auf die er in der uns gegebenen Anschauung stets eingeschränkt ist, selber für eine Anschauung vom Ich genommen und dass so in unserm empirischen Bewusstsein eine demselben immanente und daher uns zugängliche reine Anschauung des nichtsinnlichen Ich gefunden werde. So leitet Kant, indem er die Eigentümlichkeit der uns im empirischen Bewusstsein gegebenen Anschauung vom psychischen Subjekte in der völligen Subjektivität dieser Anschauung erblickt, aus der Natur unsres empirischen Bewusstseins die Unmöglichkeit ab, dass dem empirischen Bewusstsein eine Anschauung des identischen Ich immanent sei und dass so das identische Subjekt der psychischen Vorgänge das Objekt einer von uns besessenen nichtsinnlichen Anschauung werde.

Die Theorie von der Seele als psychischem Realgrunde erklärt — so sahen wir — eben das als Objekt unsrer nichtsinnlichen Anschauung genommene identische Ich für die Seele. Indem uns daher Kant den Besitz nichtsinnlicher Anschauung vom identischen Ich abspricht, bestreitet er unser Recht, unsre Vorstellung vom identischen Ich für die Vorstellung eines Objektes zu nehmen, dem identischen Ich durch Anwendung des Substanzbegriffes auf dasselbe die Würde eines Objektes zuzuerkennen. Indem Kant uns den Besitz nichtsinnlicher Anschauung vom identischen Ich nimmt, leugnet er also, dass wir gegenständliche Erkenntnis von der Seele haben. Die Seele, wie die Theorie des psychischen Realgrundes sie fasst, ist nach Kant nicht Objekt unsrer Erkenntnis. Die Theorie des psychischen Realgrundes lässt aber die von ihr uns zugeschriebene nichtsinnliche Anschauung des identischen Ich gerade unserm empirischen Bewusstsein immanent sein, wenn es auch von unsrer Seite erst einer besonderen Bearbeitung des empirischen Bewusstseins bedürfe, damit die ihm immanente Anschauung des identischen Ich zu einer von uns ausdrücklich, auch der Form nach besessenen nichtsinnlichen Anschauung jenes Ich werde. Nach der Theorie des psychischen Realgrundes ist daher unser empirisches Bewusstsein dem Objekte nach Anschauung der Seele und lässt bei entsprechender Behandlung von unsrer Seite diese Anschauung auch der Form nach d. i. als eine dem Seelenwesen angemessene Anschauung, als nichtsinnliche Anschauung der Seele aus sich entwickeln. Die Theorie des psychischen Realgrundes betrachtet unser Bewusstsein als Quelle der Erkenntnisse von unsrer Seele. Kants kritische Bemühung um den Seelenbegriff ist gerade darauf gerichtet, unserm Bewusstsein diese Bedeutung zu entziehen. Er erklärt zu diesem Behufe unser Bewusstsein für durchaus subjektiv. Eben dadurch nimmt er der in demselben gegebenen Anschauung des

Ich alle Beziehung auf das Ich an sich selbst d. i. auf die Seele; er macht so unser Bewusstsein untauglich, uns irgend etwas über die Seele zu offenbaren. Das Bewusstsein büsst auf diese Weise den Wert eines Instrumentes der Erkenntnis der Seele gänzlich ein. Wir verfolgen die Konsequenzen der Kant'schen Behauptung, dass unserm Bewusstsein keine reine Anschauung des identischen Ich innewohne, noch weiter. Das identische Ich tritt in uns als das Subjekt aller psychischen Vorgänge, als das Subjekt alles Bewusstseins auf. Eine Anschauung des identischen Ich hätte mithin dieses Ich gerade in seiner Qualität, Subjekt alles unseres Bewusstseins zu sein, zum Inhalte. Angeschaut werden aber bedeutet, ein Gegenstand sein, und eine nichtsinnliche Anschauung giebt einen von unsrer Subjektivität unabhängigen Gegenstand, einen Gegenstand an sich selbst zu erkennen. Die Immanenz einer Anschauung vom identischen Ich in unserm Bewusstsein und unsre Fähigkeit, eine reine Anschauung dieses Ich zu besitzen, besagt daher, dass in uns das identische Ich als ein von unsrer Subjektivität unabhängiges Ding vorhanden sei, dessen Aeusserung und Bethätigung all unser Bewusstsein sei und das daher all unser Bewusstsein im Besitz habe. Nach der Theorie des psychischen Realgrundes ist eben die Seele die von unsrer Subjektivität unabhängige Besitzerin alles unsres Bewusstseins, unsre ganze Subjektivität aber nichts weiter denn eine Modifikation des von der Seele direkt besessenen Bewusstseins, der unangemessene Ausdruck vom wesenseignen Bewusstsein der Seele. Indem Kant die Immanenz einer Anschauung vom identischen Ich in unserm Bewusstsein in Abrede stellt, leugnet er also, dass unser Bewusstsein, unser Vorstellen das Werk und der Besitz eines von unsrer Subjektivität unabhängigen Ichwesens in uns sei. Das reine Ich ist nach Kant nicht etwa ein an sich vorstellendes, an sich bewusstes Wesen in uns. Wenn Kant unser Bewusstsein durch und durch subjektiv sein lässt, so macht er dadurch dasselbe eben zum Besitze eines Ich, das durchaus auf dem Boden unsrer Subjektivität liegt, dessen Wesen im Gebiete unsrer Subjektivität völlig aufgeht, mit andern Worten, er erklärt unser Bewusstsein lediglich für den Besitz unsres empirischen Ich. Kants Lehre von der völligen Subjektivität unsres Bewusstseins besagt in Hinsicht auf den Besitzer des Bewusstseins eben, dass nur das in der Sphäre unsrer Subjektivität verbleibende Ich, das empirische Ich dieser Besitzer sein könne. Das reine Ich ist nach Kant in uns kein vorstellendes Subjekt, es stellt weder sich noch anderes vor, es entbehrt in uns des Bewusstseins, sowohl des Selbstbewusstseins, als des Bewusstseins von anderem. Nach Kant hat das reine Ich in uns gar nicht das Amt, vorzustellen und bewusst zu sein; Inhaber alles Bewusstseins in uns ist nach Kant das empirische Ich. Wir hätten den Weg zu dem Satze, dass dem reinen Ich in uns das Bewusstsein abgehe, noch von einem andern Ausgangspunkte her einschlagen können, nämlich von der reflexiven Natur des Ich aus. Das Ich ist das Subjekt, das sich selbst zum Objekte hat, das sich selbst anschaut. Unsre Anschauung vom Ich ist Anschauung des Ich von sich selbst. Das empirische Bewusstsein als die gegebene Art unsrer Anschauung vom Ich ist daher die gegebene Art, wie das Ich sich selbst anschaut. Da nun das empirische Bewusstsein Anschauung eines durchaus subjektiven Ichobjektes sein soll und ihm in keiner Weise eine Anschauung vom reinen Ich, vom Ich, wie es ohne die Bedingung unsrer Subjektivität sein würde, innewohnen soll, so würde das reine Ich in unserm Bewusstein sich selbst gar nicht vorfinden, es würde sich in unserm Bewusstsein gar nicht als reines Ich zum Objekte haben, sich als solches Ich nicht anschauen können. Das reine Ich kann also in uns kein adäquates Selbstbewusstsein haben. Der Mangel des Selbstbewusstseins aber bedingt notwendig zugleich den Mangel des Bewusstseins von anderem. Das reine Ich fände darnach überhaupt in unserm Bewusstsein kein Objekt seines Vorstellens. Es ist in unserm Bewusstsein gar nicht in der Qualität eines vorstellenden Subjektes enthalten; sein Dienst in unserm Bewusstsein besteht gar nicht im Vorstellen, sein Dienst muss ein ganz anderer sein. Kurz, das reine Ich ist in uns nicht von vorstellender Natur, es ist in uns nicht ein an sich selbst vorstellendes Wesen.

Der Satz, dass das nichtsinnliche Ich in uns nicht von vorstellender Natur sei, dass es in uns des Bewusstseins entbehre, lässt leicht seinen engen Zusammenhang mit der Grundbehauptung der Kant'schen Kritik, mit dem Satze von unsrer Unfähigkeit zur Erkenntnis nichtsinnlicher Gegenstände, ersehen. Im nichtsinnlichen Ich soll auch nach Kant das empirische Ich begründet sein. Freilich besteht ein tiefgehender Unterschied zwischen der von Kant und der von der Theorie des psychischen Realgrundes angenommenen Art der Begründung des empirischen Ich im nichtsinnlichen Ich. Nach der Theorie des psychischen Realgrundes ist das empirische Ich die blosse Modifikation des mit Bewusstsein ausgerüsteten nichtsinnlichen Ich, nach Kant dagegen ist das empirische Ich als alleiniger Inhaber unsres Bewusstseins in einem des Bewusstseins entbehrenden nichtsinnlichen Ich begründet. Wird dem nichtsinnlichen Ich in uns Bewusstsein beigelegt, so gehört unser Bewusstsein nicht mehr bloss unserm empirischen Ich an, sondern das nichtsinnliche Ich in uns wird der eigentliche, ursprüngliche Inhaber alles unsres Bewusstseins, auch des empirischen, und zwischen dem Bewusstsein des empirischen Ich und dem Bewusstsein des nichtsinnlichen Ich in uns gäbe es keinen Unterschied des Inhalts, sondern bloss einen Unterschied der Form. Ein vorstellendes nichtsinnliches Ich in uns hätte zum Inhalte seines Vorstellens genau dieselben Objekte, die das empirische Ich vorstellt, und nur die Form beider Arten des Vorstellens würde eine verschiedene sein, je nachdem es das nichtsinnliche oder das empirische Ich wäre, welches vorstellt. Das Vorstellen des nichtsinnlichen Ich nun könnte nur auf Objekte von nichtsinnlicher Natur gerichtet sein. Da aber diese nichtsinnlichen Objekte die nämlichen Dinge sein müssten, von denen unser empirisches Bewusstsein oder die Erfahrung die sinnliche Erkenntnis ist, so würden ja die Objekte des empirischen Bewusstseins, nämlich das empirische Ich und die Sinnenwelt, ausser ihrer sinnlichen Art, sich uns zu geben, noch eine unsrer Subjektivität unzugängliche, verborgene Beschaffenheit, ein Ansich besitzen, von dem die Erfahrung bloss die formell unangemessene Darstellung wäre. Die Sinnenwelt wäre dann ihrem Wesen nach eine intelligible Welt, nur auf unangemessene Art angeschaut, die sinnliche Anschauung aber ihrem Gegenstande nach Anschauung von Dingen an sich, nur in einer diesen Dingen nicht angemessenen Form erfolgend. Bestände aber so die Sinnlichkeit bloss in der formellen Unangemessenheit unsrer Erkenntnis von den Dingen an sich, so müssten die von der Bedingung der Sinnlichkeit abstrahierenden Begriffe unsres Verstandes von den Dingen die von dieser formellen Unvollkommenheit befreite, also die angemessene Erkenntnis der Dinge an sich sein. Die Annahme, dass das nichtsinnliche Ich in uns ein vorstellendes Subjekt sei, würde also unvermeidlich dazu führen, dass die Sinnenwelt intellektuiert würde und unsre Begriffe von Gegenständen nach Hinweglassung der sinnlichen Anschauung, auf deren Bedingung sie stets eingeschränkt sind, als Instrumente der Anschauung nichtsinnlicher Gegenstände benutzt würden. Und wie zur Erkenntnis eines nichtsinnlichen Substrates der äusseren Sinnenwelt, so würden wir durch die Annahme einer vorstellenden Thätigkeit des reinen Ich in uns auch zu gegenständlicher Erkenntnis dieses nichtsinnlichen Ich selber gelangen. Das reine Ich in uns würde durch seine Ausrüstung mit vorstellender Thätigkeit zum alleinigen Inhaber unsres gesamten Bewusstseins, wie des Bewusstseins von anderem, so auch des Selbstbewusstseins. Das empirische Ich wäre dann nicht der eigene Inhaber einer besonderen, nämlich der empirischen Art des Selbstbewusstseins, sondern nur der unangemessene Ausdruck vom Selbstbewusstsein des nichtsinnlichen Ich. Das nichtsinnliche Ich selbst wäre es, das in unserm empirischen Selbstbewusstsein, in unsrer empirischen Selbstanschauung sich als Objekt vorstellt. Soll aber das nichtsinnliche Ich in uns das wirkliche Subjekt unsrer empirischen Selbstanschauung sein, so muss dasselbe in uns auch zu einer adäquaten Anschauung seiner selbst gelangen können. Könnte es das nicht, so hätte ja sein Selbstvorstellen in uns nicht den verlangten Effekt, und dann könnte von einem Selbstvorstellen des nichtsinnlichen Ich, einem Selbstbewusstsein desselben in uns überhaupt nicht die Rede sein. Im Falle wirklichen Selbstvorstellens des nichtsinnlichen Ich in uns dürfte also das empirische Selbstbewusstsein nicht eine ihrem Objekte formell unangemessene Selbstanschauung des nichtsinnlichen Ich bleiben, es müsste vielmehr zu einer adäquaten Selbstanschauung des nichtsinnlichen Ich in uns werden können. Mit anderen Worten, adäquate Anschauung des nichtsinnlichen Ich wäre eine uns selber erreichbare Anschauung, wir wären der gegenständlichen Erkenntnis des nichtsinnlichen Ich fähig. Die Abstraktion von der Bedingung der wechselnden Zustände, in denen das Ich sich in unserm empirischen Bewusstsein stets gegeben ist, wäre dann der völlig gesetzmässige Weg, auf dem wir unser empirisches Selbstbewusstsein mit dem reinen Selbstbewusstsein des nichtsinnlichen Ich zur Kongruenz brächten, und der aus solcher Abstraktion hervorgehende Begriff des seiner in beziehungsloser Identität bewussten Ich wäre eben die von uns besessene reine Anschauung des nichtsinnlichen Ich von sich selbst. Mit dem Besitze von gegenständlicher Erkenntnis des nichtsinnlichen Ich aber wäre uns der Besitz der Erkenntnis eines nichtsinnlichen Gegenstandes zugeschrieben. So zeigt es sich denn, eben im Interesse unsrer Unfähigkeit zur Erkenntnis nichtsinnlicher Gegenstände muss Kant dem reinen Ich in uns die Thätigkeit des Vorstellens absprechen. Die Ausrüstung des reinen Ich in uns mit der Thätigkeit des Vorstellens würde unsre Fähigkeit zur Erkenntnis nichtsinnlicher Gegenstände bedeuten. Dem reinen Ich in uns kommt nicht die Thätigkeit des Vorstellens zu, es entbehrt des Bewusstseins — dieser Kant'sche Satz ist nichts als eine Anwendung der allgemeinen Behauptung der Kant'schen Kritik, dass wir der Erkenntnis nichtsinnlicher Gegenstände nicht fähig seien.

Das reine Ich in uns als ein an sich vorstellendes Subjekt und darum als der ursprüngliche, substantielle Inhaber alles unsres Bewusstseins — das ist die Seele im Sinne des psychischen Realgrundes. Kant nun macht, indem er dem reinen Ich in uns die Thätigkeit des Vorstellens, das Bewusstsein abspricht, alles Vorstellen, alles Bewusstsein in uns zur Sache unsres empirischen Ich. Soll unsre Erkenntnis sich auf die Sphäre sinnlicher Gegenstände einschränken, so muss unser vorstellendes Subjekt selber unter der Bedingung der Zeit stehen. Nur ein unter der Bedingung der Zeit vorstellendes Subjekt kann lauter Sinnengegenstände zu Objekten seines Vorstellens haben. Stände unser vorstellendes Subjekt nicht unter der Bedingung unsrer Subjektivität, so könnte es auch keine adäquate Selbstanschauung dieses Subjektes geben, mit anderen Worten, die Thatsache unsres Selbstbewusstseins würde unerklärlich sein. Nur von dem, was in den Grenzen unsrer Subjektivität eingeschlossen ist, können wir adäquate Erkenntnis besitzen. Soll daher unser vorstellendes Subjekt sich selber adäquat als Objekt gegeben sein, d. i. soll es Selbstbewusstsein besitzen, so muss es der Bedingung unsrer Subjektivität unterworfen sein. Kurz, unser vorstellendes Subjekt muss empirischer Natur sein, nur dem empirischen Ich kann in uns die Thätigkeit des Vorstellens zukommen. Aber durch die Übertragung aller Vorstellungsthätigkeit an unser empirisches Ich setzt Kant nicht etwa das empirische Ich als solches in die Würde der Seele ein.

Die Privilegien, welche in der Theorie des psychischen Realgrundes die Seele hat, gehen bei ihm keineswegs alle auf das empirische Ich über. Die Seele im Sinne des psychischen Realgrundes soll die nichtsinnliche, die über das Gebiet unsrer Subjektivität hinausgreifende Inhaberin alles unsres Bewusstseins sein, während das empirische Ich bei Kant der in den Grenzen unsrer Subjektivität eingeschlossene, durch und durch sinnliche Inhaber unsres Bewusstseins ist. Hierin liegt der grosse Unterschied der Rolle, welche in der Theorie des psychischen Realgrundes der Seele und welche bei Kant dem empirischen Ich zufällt. Das empirische Ich würde, wenn die subjektive Bedingung der Zeit, unter der es vorstellt, hinwegfiele, aufhören, als vorstellendes Subjekt zu existieren; seine Existenz fällt eben gänzlich auf den Boden unsrer Subjektivität. Die Seele dagegen im Sinne eines vorstellenden Wesens an sich selbst müsste auch nach dem Aufhören unsrer ganzen subjektiven Art und Weise, vorzustellen, fortfahren, ein vorstellendes Subjekt zu sein; ihr Vorstellen würde von den Bedingungen unsrer Subjektivität völlig unabhängig sein. Der Seele würde Realität im transzendentalen Sinne zukommen, dem empirischen Ich kommt Realität bloss im empirischen Sinne zu. Die Seele würde ein Ding an sich sein, das empirische Ich ist blosse Erscheinung. Eben als Erscheinung, als ein bloss in der Sphäre der Subjektivität vorhandnes, den Bedingungen unsrer Subjektivität unterworfenes Wesen kann das empirische Ich nicht das selber unabhängige, in sich selbst begründete Subjekt alles unsres Vorstellens sein, es kann nicht Inhaber alles unsres Bewusstseins in dem absoluten Sinne sein, dass es zugleich der letzte Grund aller unsrer psychischen Zustände wäre. Kant will ja die Erscheinung nicht zum Dinge an sich verselbständigen. Er bekämpft ja jenen Empirismus, der unsre Sinnenanschauung für die einzig mögliche Art gegenständlicher Erkenntnis erklärt und so in den Sinnendingen alles Sein überhaupt aufgehen lässt; dieser Empirismus schreibe den Dingen die nämliche Art der Existenz, die sie unter der Bedingung unsrer sinnlichen Anschauung haben, auch ausser dieser Bedingung und ohne dieselbe zu, gerade dadurch aber übertrage er ungereimterweise den Sinnendingen die Würde von Dingen an sich selbst. Um dem Fehler des Empirismus zu entgehen, macht Kant die Erscheinungen zu Wirkungen einer jenseits der Sphäre der Sinnlichkeit liegenden Ursache, er nimmt einen transzendenten Grund der Erscheinungen an. Freilich wahrt er mit der grössten Strenge den transzendenten Charakter dieses nichtsinnlichen Grundes der Erscheinung, indem er jegliche Immanenz desselben in der Erscheinung in Abrede stellt. Mit der Theorie von einem nichtsinnlichen Realgrunde der Erscheinung hat Kant gemein, dass er einen transzendenten Grund der Erscheinung anerkennt, aber während jene Theorie dem transzendenten Grunde zugleich Immanenz in der Erscheinung einräumt und ihn eben dadurch zum Realgrunde macht, leugnet Kant eine solche Immanenz auf das entschiedenste. Demgemäss gestaltet sich bei Kant auch die Lehre von der Erkenntnis der Erscheinung d. i. die Lehre von der sinnlichen Anschauung. Die sinnliche Anschauung ist nach Kant unsre subjektive Art, einen transzendenten Grund von Vorgängen und Beschaffenheiten vorzustellen; dieser Grund aber könne eben seiner Transzendenz wegen in keiner Weise Inhalt der sinnlichen Anschauung sein, daher auch durch keine Zergliederung der sinnlichen Anschauung als Inhalt derselben aufgefunden werden, so dass die sinnliche Anschauung durch keine wie immer geartete Bearbeitung sich in ein Organ der Anschauung von Dingen an sich verwandeln lasse. Das empirische Ich bezieht sich also nach Kant, weil es Erscheinung ist, notwendig auf einen transzendenten Grund, und dieser ist eben das reine Ich. Das empirische Ich ist nicht der letzte, selbstgenugsame Grund alles unsres Vorstellens, es besorgt in uns das Geschäft alles Vorstellens unter steter Beziehung auf das reine Ich, in steter Abhängigkeit vom reinen Ich. Ohne die Beziehung auf das reine Ich würde das empirische Ich der Aufgabe, Subjekt alles Vorstellens in uns zu sein, gar nicht genügen können. Zum Objekte seines Vorstellens hat das empirische Ich in erster Linie sich selbst und erst in zweiter Linie die Welt der Dinge ausser ihm. Ohne die Beihülfe des reinen Ich würde das empirische Ich zunächst gar nicht im stande sein, sich selbst vorzustellen. Schöpfte das empirische Ich seine Erkenntnis von sich lediglich aus der Quelle unsrer Subjektivität, so könnte diese Erkenntnis nur in der Anschauung eines zusammenhangslosen Aggregates von Ichen bestehen; jeder psychische Vorgang giebt uns ja ein anders geartetes Ich in uns zu erkennen. Dass aber alle diese zerstreuten Iche in notwendigem Zusammenhange mit einander stehen, dass sie insgesamt als Modifikationen eines einzigen Ich auftreten und sich so zu einem einzigen Bewusstsein verbinden, das ist die Wirkung des Abhängigkeitsverhältnisses, in welchem das empirische Ich zum reinen identischen Ich steht. Die Abhängigkeit des empirischen Ich vom reinen Ich bewirkt, dass die unter einander ursprünglich zusammenhangslosen psychischen Vorgänge insgesamt als Prädikate eines einzigen Ich auftreten; dadurch eben wird das ursprüngliche Aggregat von Ichen in uns zu einem kontinuierlichen empirischen Ich, zu einem empirischen Ich, das die Mannigfaltigkeit der psychischen Vorgänge als die fortlaufende Reihe seiner eigenen Zustände weiss. Es ist also der Einfluss des reinen Ich, der aus dem Aggregate der Iche in uns das kontinuierliche empirische Ich erst zu stande bringt und zugleich diesem Ich auf Grund der reflexiven Natur jedes psychischen Subjektes die Möglichkeit, sich selber anzuschauen, verschafft. Nur vermittelst seiner Beziehung auf das reine Ich vermag demnach das empirische Ich sich selbst vorzustellen. Das empirische Ich kann der Aufgabe, das Subjekt alles unsres Selbstbewusstseins zu sein, nur mit Hülfe des reinen Ich genügen. Nur unter der Bedingung seines Selbstbewusstseins aber hat das empirische Ich auch Bewusstsein von der Welt ausser ihm. Daher ist die vom reinen Ich ausgehende Einwirkung die Bedingung, unter der überhaupt alles Bewusstsein des empirischen Ich steht. Das empirische Ich wird der Aufgabe, das vorstellende Subjekt in uns, das Subjekt alles unsres Bewusstseins zu sein, nur unter Mitwirkung des reinen Ich gerecht. Aber das reine Ich ist und bleibt der bloss transzendente Grund vom Bewusstsein des empirischen Ich. Als transzendenter Grund dieses Bewusstseins ist das reine Ich eben nicht das in uns vorstellende Subjekt, nicht das Subjekt unsres Bewusstseins. Denn wäre es das, so müsste es in uns sich selbst als Objekt vorstellen, das würde heissen, unser empirisches Bewusstsein wäre, wenn auch nicht der Form, so doch dem

Inhalte nach, Bewusstsein des reinen Ich von sich selbst. Das empirische Bewusstsein wäre dann bloss der formell unangemessene Ausdruck vom Selbstbewusstsein des reinen Ich, und es würde möglich sein, unser empirisches Bewusstsein auch der Form nach zur Kongruenz mit dem Selbstbewusstsein des reinen Ich zu bringen, es in eine uns wirklich angehörige adäquate Anschauung vom reinen Ich umzusetzen. Das aber wäre ja die so streng verpönte Immanenz des transzendenten Ich in unserm empirischen Bewusstsein. Soll daher das reine Ich der bloss transzendente Grund des empirischen Bewusstseins sein, so kann es eben in uns nicht ein vorstellendes Subjekt sein, es muss in uns des Bewusstseins entbehren. Dem Charakter des reinen Ich als des nur transzendenten Grundes vom Bewusstsein des empirischen Ich entspricht auch völlig die Art, wie Kant den Beitrag des reinen Ich zum Bewusstsein des empirischen Ich fixiert. Besässen wir ein nichtsinnliches Bewusstsein, so wäre dasselbe das angemessene Prädikat des nichtsinnlichen psychischen Subjektes und diente als solches Prädikat zum Mittel adäquater Bestimmung dieses Subjektes, es gewährte uns adäquate Anschauung des nichtsinnlichen Ich. Das empirische Bewusstsein dagegen tritt zwar auch in Prädikatsbeziehung zum nichtsinnlichen psychischen Subjekte, zum reinen Ich, aber es ist ein unangemessenes Prädikat desselben und bietet daher keine Anschauung von ihm. Besteht nun alle Erkenntnis eines Objektes in einem Begriffe desselben und der diesen Begriff belegenden und realisierenden Anschauung, so fällt im empirischen Bewusstsein, als Versuch einer Erkenntnis vom nichtsinnlichen Ich genommen, Begriff und Anschauung von diesem Ich völlig auseinander; dem empirischen Bewusstsein als der missglückten Anschauung von ihm tritt das nichtsinnliche Ich gegenüber als ein von aller Anschauung losgelöster, durch keine Anschauung belegbarer, blosser Begriff. Die Aufgabe, welche der reine Begriff des nichtsinnlichen Ich in Bezug auf das empirische Bewusstsein als seine inadäquate Anschauung hat, kann nur die sein, dieser inadäquaten Anschauung als das unerreichbare Ideal vorzuschweben, nach welchem sie sich selber gestaltet. Der apriorische Begriff vom nichtsinnlichen Ich leistet als Bestandteil des empirischen Bewusstseins lediglich den Dienst einer Regel, eines Gesetzes für die Bildung und Gestaltung des empirischen Bewusstseins selber. Der Begriff des reinen Ich bezeichnet das Gesetz der Verknüpfung aller unsrer psychischen Zustände zu einer psychischen Einheit, zu einem einzigen empirischen Bewusstsein. Die psychische Einheit, in welche sich nach dem Vorbilde des Begriffs vom reinen Ich die Mannigfaltigkeit unsrer psychischen Vorgänge verwandelt, ist nicht ein Etwas, das auch für sich, abgesehen von unsern psychischen Vorgängen und losgelöst von ihnen existierte, sondern sie ist lediglich die Form aller unsrer psychischen Vorgänge, die Bedingung, der alle diese Vorgänge gemäss sein müssen, um zusammen den Inhalt unsres einheitlichen empirischen Bewusstseins auszumachen. Der Beitrag des reinen Ich zum Dasein und Bestehen des empirischen Bewusstseins ist also der, dass es die Form alles unsres empirischen Bewusstseins hergiebt, vermöge deren aus der zerstreuten, zusammenhangslosen Mannigfaltigkeit der psychischen Vorgänge ein einziges, in sich durchgängig zusammenhängendes Bewusstsein wird. Dieses durch die formende Wirksamkeit des reinen Ich entstehende einheitliche Bewusstsein heftet sich als Prädikat an ein psychisches Subjekt, das zugleich mit ihm durch den formenden Akt des reinen Ich entspringt und das durch dieses sein Prädikat adäquat bestimmt wird, so dass wir durch dieses Prädikat adäquate Erkenntnis von ihm erhalten. Dieses psychische Subjekt ist das empirische Ich. Darauf, dass alle unsre psychischen Zustände von uns als Prädikate eines einheitlichen empirischen Ich erkannt werden, in welchem sie insgesamt ihr Beharren haben, in welchem sie mit einander zusammentreffen und sich auf einander beziehen, darauf beruht für uns alle Möglichkeit einer durchgängig zusammenhängenden, notwendigen und allgemeingültigen Erkenntnis unsrer psychischen Zustände. Das reine Ich ergiebt sich so, indem es das Prinzip der Möglichkeit des empirischen Ich und unsrer objektiven Erkenntnis von diesem Ich ist, als die Quelle alles notwendigen und allgemeingültigen Inhaltes in unsrer Erkenntnis von unsern psychischen Zuständen. Bei solcher Einwirkung auf das empirische Ich wahrt das reine Ich den Charakter eines bloss transzendenten Grundes des empirischen Bewusstseins. Als die Regel, nach welcher unsre psychischen Vorgänge in eine durchgängige Verbindung mit einander treten und eine psychische Einheit bilden, bleibt das reine Ich durchaus jenseits unsres empirischen Bewusstseins. Die Regel, nach der die Einheit des empirischen Bewusstseins entsteht, ist nicht zugleich das Subjekt, welches diese Einheit stiftete. Ein bewirkendes Subjekt der psychischen Einheit freilich würde der immanente Grund der von ihm bewirkten Einheit sein, die dann der Ausdruck seines Wesens wäre und aus der es darum seinem Wesen nach müsste erkannt werden können. Die psychische Einheit, die in uns nach der Regel des reinen Ich zu stande kommt, lässt sich als die blosse Form aller psychischen Vorgänge von diesem ihren Material gar nicht loslösen, um etwa in ihrer Loslösung der angemessene Ausdruck des Prinzipes zu sein, nach welchem das psychische Material sich formte. Wir haben soeben die Abhängigkeit des empirischen Ich vom reinen Ich betrachtet. Nur in seiner Zusammengehörigkeit mit dem reinen Ich löst bei Kant das empirische Ich seine Aufgabe, das Subjekt alles unsres Vorstellens zu sein, wie es auch nur bei solcher Zusammengehörigkeit als das alleinige Objekt unsrer psychischen Erkenntnis gelten kann. Und dieses auf das reine Ich als seinen transzendenten Grund untrennbar bezogene empirische Ich ist es, das bei Kant an die Stelle der im Sinne des psychischen Realgrundes gefassten Seele tritt. Das als Wirkung eines transzendenten Grundes gedachte empirische Ich leistet bei Kant dasselbe, was die Seele im Sinne des psychischen Realgrundes zu leisten hat, nämlich das Subjekt alles unsres Vorstellens und zugleich das ausschliessliche Objekt der psychischen Erkenntnis zu sein.

I. Geschichtliche Mitteilungen.

Ostern 1877 bis Ostern 1878.

Mit Ende des vorigen Unterrichtsjahres waren aus dem hiesigen Lehrercollegium ausgeschieden: Oberl. Dr. Klotz, der als 2. Oberlehrer an das Seminar zu Auerbach, Oberl. Günther, bisher beurlaubt, der als 7. Oberlehrer ans Seminar zu Nossen, und der provis. Oberl. Bennewitz, der als ständiger Seminarlehrer und prädic. Oberlehrer ans Seminar zu Schneeberg berufen worden. Am 10. April fand die feierliche Einweisung der Oberl. Maier und Bach durch den Director statt.

Am 23. April wurde zur Feier des Geburtstags Sr. Maj. des Königs ein feierlicher Actus in der Aula nach folgendem Programm abgehalten: 1. Salvum fac regem v. Brühmig.
2. Rede des Oberl. Mohn über die 3 ältesten Orgeln Sachsens zu Meissen, Altzelle und zum h. Kreuz in Dresden.
3. Sachsenhymne: Gott sei mit Dir, mein Sachsenland.
4. Vortrag des Primus Schlichter über Friedrich August den Gerechten.
5. Den König segne Gott.
6. Festspeisung des Lehrercollegiums und des Cötus in der Turnhalle.

Am 6. Juni Tagesausflug der I. Klasse nach Dresden unter Führung des Director Elterich; am 12. Juni Tagesausflug der 4. und 6. Klasse mit ihren Ordinarien Oberl. Maier u. Bach nach Meissen, am 26. Juni der 5. Klasse mit ihrem Ordinarius Oberl. May nach Wermsdorf, am 4. Juli der 2. Klasse mit Oberl. Schmidt nach Leipzig und am 13. Sept. der 3. Klasse mit Oberl. Schödel nach Grimma.

Bei der am 21. Juni stattfindenden Kommunionvorbereitung hielt Direktor Elterich und bei der am 25. Oct. Oberl. Schmidt die Rede.

Am 26. Juni beehrte Herr Geheimer Schulrat Kockel und am 2. Nov. Herr Geheimer Rat Petzoldt die Anstalt mit einem Besuche; am 12. Sept. inspicierte Herr Zeicheninspektor Tretau den Zeichenunterricht.

Die Sedanfeier wurde am 1. Sept. nach folg. Programm abgehalten:
1. Macte senex imperator v. Lachner.
2. Festrede des Oberl. Stein über Ulrich von Hutten.

3. Waffentanz von Kreutzer.
4. Vortrag des Primaners Schneider über den Raub Strassburgs und seine Wiedereroberung.
5. Sie sollen ihn nicht haben, v. Schumann.

Am 7. u. 8. Sept. fand die Michaelisprüfung in Deutsch, Latein, Arithmetik, Geometrie, Musik und Turnen statt.

Am 30. Okt. wurde die Hauptkonferenz der Lehrer des Oschatzer Schulinspektionsbezirks in der hiesigen Aula abgehalten, wozu der Bezirksschulinspektor Dr. Winkler das Lehrerkollegium als Ehrengäste eingeladen hatte.

Am 4. März 1878 wurde zum Besten des hiesigen Albert-Zweigvereins ein Konzert nach folg. Programm aufgeführt:

Halleluja aus „Messias" für Männerchor	v. F. Händel.
Adagio, Allegro con brio, Scherzo u. Trio aus Grand Settuor für 2 Piano zu 8 Händen	v. L. v. Beethoven.
Frühlingslied, Quintett f. gem. Chor	v. G. Sieber.
Andante u. Variationen, Duo f. 2 Piano	v. R. Schumann.
Auf der Wanderung	v. J. Dürrner.
Wohin? } Lieder für Männerchor	v. Fr. Schubert.
Schifferlied.	v. G. Ecker.
Kreisleriana	v. R. Schumann.
Altdeutscher Schlachtgesang	v. J. Rietz.
Abendlied	v. M. Hauptmann.

Am 21. März fand die Anfnahmeprüfung statt. Von 55 Angemeldeten waren 36 zur Prüfung zugelassen, die von 27 bestanden wurde; 3 davon wurden in die 5., 24 in die 6. Klasse aufgenommen.

Vom 25.—30. März Schulamts-Kandidaten-Prüfungen unter Vorsitz des unter dem 28. Januar zum Königlichen Kommissar dazu ernannten Seminardirektor Elterich und in Gegenwart des vom Ev. luth. Landes-Consistorium hierzu abgeordneten Superintendent Schöncke von hier. Vom 28.–30. März wohnte Herr Geh. Schulrat Dr. Bornemann den Prüfungen bei. Die 22 Examinanden waren in 4 Sektionen geteilt und bestanden sämtlich die Prüfung.

Die 1. Sektion wurde gebildet von Eduard Franz Schlichter aus Köhra, Robert Oswald Pfauter aus Gölschen, Johann Heinrich Kunze aus Nauenhain, Paul Hermann Marx aus Zaschwitz, Gustav Rudolf Alb. Kirsten aus Löbau, Friedr. Theodor Lampadius aus Leipzig (nicht hier vorgebildet).

Die 2. Sektion bestand aus:
Friedrich Ernst Zittwitz aus Düben, Emil Richard Richter aus Mutzschen, Conrad Epstein aus Riesa, Georg Woldemar Beger aus Reckwitz, Ernst Rudolf Hofmann aus Hof, Paul Ferdinand Günther aus Mügeln.

Die 3. Sektion:
Paul Wilhelm Schneider aus Strehla, Otto Bernhard Schubert aus Lichtenstein, Hugo Reinhold Hessel aus Zschorna, Friedrich Arthur Hauffe aus Nieder-Grumbach, Heinrich Ernst Beyreuther aus Belgershain.

Die 4. Sektion:
Karl Hugo Graf aus Riesa, Franz Theodor Fischer aus Strehla, Gustav Adolf Heinrich aus Hainichen, Johann Paul Bunge aus Chemnitz, Wilhelm Louis Müller aus Langenberg.

Von diesen erhielten in Wissenschaften 1 die II., 10 die III., 9 die IV. und 2 die V. Zensur. Im sittlichen Verhalten wurden 17 Examinanden die I., 4 die II., und 1 die III. Zensur erteilt. In der Musik, in der sich nur 5 hatten prüfen lassen, wurde 2 die II., 1 die III. und 2 die IV. Zensur gegeben. Je 4 Kandidaten wurden dem Oschatzer, Kamenzer und Dresdner, je 5 dem Grossenhainer und Meissner Schulinspektionsbezirke von der Prüfungs-Kommission zugewiesen. Die Entlassung der Abiturienten fand am 2. April statt, wobei der Direktor denselben die Pflicht ihrer beruflichen Fortbildung in einer Ansprache ans Herz legte.

Ostern 1878 bis Ostern 1879.

Am 30. April Einweisung des Hilfslehrers Hermann Gustav Engelmann an Stelle des nach Leipzig übergesiedelten bisherigen Hilfslehrers Nitzsche und Ansprache an die neuaufgenommenen 27 Schüler durch den Direktor, an welche Feierlichkeit sich die im Auftrage des Direktors vollzogene Aufnahme der neueintretenden Übungsschüler durch den Ordinarius der Übungsschule Oberl. Hänsch anschloss.

3. Mai Nachfeier des Geburtstags Sr. Maj. des Königs. Programm:
Salvum fac regem v. Hauptmann.
Rede des Oberl. Bach über die Vorstellungen von Seele und Geist in der
    Kulturgeschichte der Völker.
Gott gieb Fried' in deinem Lande v. Grell.
Lebensbild Samuel Heinickes, v. Primus Maultzsch.
Die Sachsenhymne.
Festmahl in der Turnhalle für Lehrerkollegium und Cötus.

Zur Feier des silbernen Ehejubiläums Ihrer Majestäten des Königs Albert und der Königin Karola wurde am 18. Juni folgendes Programm durchgeführt:
1. Gesang: Lob, Ehr' und Preis etc.
2. Ansprache des Direktor Elterich.
3. Prolog, gesprochen vom Primaner Fasold.
4. Salvum fac regem, v. C. Löwe, vorgetr. v. Seminarchor.
5. Lied ohne Worte v. Mendelssohn, für Violine mit Pianofortebegleitung.
6. Unter dem rothen Kreuze, v. R. Gottschall, gespr. v. Gruhne.
7. Halleluja v. Händel, vorgetr. vom Primaner Werner.
8. Elisabeth von Thüringen, Ged. v. W. Gerhardi, gespr. v. Secund. Herrfurth.
9. Jubelouverture v. Weber zu 8 Händen vorgetr. v. Oberl. Sieber, den Primanern Werner, und Maultzsch und dem Secund. Krieger.
10. Festmahl in der Turnhalle.

Der 22. Juni war, wie für die Stadt Oschatz überhaupt, so namentlich für unser Seminar ein wahrer Jubel- und Festtag; denn Sr. Maj. der König beehrte auch unsere Anstalt mit Allerhöchst seinem Besuche. Se. Majestät langten 12½ Uhr in Begleitung des Herrn Kreishauptmann Graf Münster und mit hohem Gefolge an dem mit Guirlanden und Kränzen geschmückten Eingangsthore des Seminars an. An der Freitreppe wurden Se. Majestät durch den Direktor im Beisein des gesamten Lehrerkollegiums mit einer Ansprache ehrfurchtsvollst begrüsst und nach der Aula geleitet. Nach Anhörung der Sachsenhymne geruhten Se. Majestät den Vortrag des Salvum fac regem v. C. Löwe von Seiten des Seminarchors unter Leitung des Oberl. Sieber huldvollst entgegenzunehmen. Vom Seminardirektor wurde sodann ein dreimaliges Hoch auf Se. Majestät ausgebracht, in das die Anwesenden, worunter die Vertreter der Königlichen und städtischen Behörden, begeistert einstimmten. Nachdem Se. Majestät Sich die Lehrer des Kollegiums durch den Direktor einzeln hatten vorstellen lassen, nahm Allerhöchstderselbe, geführt vom Seminardirektor, einige Zimmer der Direktorwohnung in Augenschein und begaben Sich dann nach der Turnhalle, wo festlich geschmückt die Kinder der Seminarübungsschule Aufstellung genommen hatten. Nach Besichtigung einiger Lehr- und Wohnzimmer des Seminars verlies Se. Majestät die Anstalt unter huldvollster Zufriedenheitserklärung über das Gesehene und Gehörte. Lehrern und Schülern wird dieser Höchste Besuch allezeit unvergesslich bleiben und eine stete Ermunterung sein, in der bisherigen Liebe und Treue zu König und Vaterland unter allen Verhältnissen fest zu beharren.

Die Kommunionsvorbereitungsreden wurden am 18. Juli von Oberl. Schödel und am 14. Nov. vom Direktor Elterich gehalten.

Tagesausflüge wurden gemacht am 27. Juni mit der 1. Klasse nach Dresden unter Führung des Direktor Elterich, am 3. Sept. mit der 3. und 4. Klasse nach Leisnig unter Führung ihrer Ordinarien Oberl. Schödel Maier, am 13. Sept. mit der 5. Klasse nach Wermsdorf unter Führung des Oberl. May, am 19. Sept. mit der 2. Klasse nach Leipzig unter Führung des Oberl. Schmidt und am 11. Okt. mit der 6. Klasse nach Waldheim unter Führung des Oberl. Bach.

Am 16. Okt. fand eine Inspektion des Zeichenunterrichts durch Herrn Inspektor Tretau und am 18. und 19. Okt. eine solche des Turnunterrichts durch Herrn Direktor Dr. Lion statt.

Am 2. Sept. wurde das Sedanfest nach folgendem Programm gefeiert:
1. Macte senex imperector v. Lachner.
2. Ansprache des Direktor Elterich.
3. Vortrag über die Verdienste des Generals v. Werder um das deutsche Vaterland, gehalten vom Primaner Hopf.
4. Der Frühling, comp. v. Mohn für Geige mit Pianofortebegleitung.
5. Sedan v. Gerok, deklamiert vom Quartaner Brand.
6. Ouverture z. Egmont v. Beethoven zu 8 Händen, vorgetr. v. Oberl. Sieber, den Primanern Werner und Maultzsch u. dem Secund. Krieger.

7. Zwei Berge Schwabens v. Gerok, dekl. vom Quintaner **Weber**.
8. Auf der Wacht v. Reinecke.

Am 9. und 10. Sept. wurden die **Michaelisprüfungen** abgehalten.

Zum Besten der hiesigen **Volksbibliothek** fand am 14. Dezember in der Aula die Aufführung des **Bergmannsgrusses** v. Anacker und mehrer anderer Musikstücke unter Leitung des Oberl. **Sieber** statt.

Am 25. Januar 1879 wurde zu Ehren des im hiesigen Stadtkrankenhauses am 22. verstorbenen Schülers der 5. Klasse Otto **Voigtländer** aus Döbeln eine Totenfeier abgehalten, wobei der Direktor eine feierliche Ansprache in der Aula hielt.

Am 17. Februar fand die Aufnahmeprüfung statt. Es wurden 27 Schüler in die 6., 1 in die 4. und 1 in die 5. Klasse aufgenommen.

Vom 15.—22. März unterwarfen sich 23 Schüler der 1. Klasse der **Schulamts-Kandidatenprüfung** und bestanden dieselbe.

In der 1. Sektion wurden geprüft:
Karl Louis Maultzsch aus Strehla, Heinrich Richard Fiselius aus Grossweitschen, Robert Reinhold Krell aus Canitz, Max Arthur Amandus Nanpert aus Grunau, Johannes Waldemar Häntschel aus Bornitz, Johann Friedr. Wilh. Schreier aus Sörnewitz.

In der 2. Sektion:
Heinrich Karl Otto Hopf aus Grosshennersdorf, Gust. Reinhold Lehmann aus Kleinthiemig, Max Adolf Wartenberg aus Oschatz, Franz Robert Hentschel aus Röderau, Theodor Alwin Starke aus Wurzen, Clemens Waldemar Emrich aus Etzdorf.

In der 3. Sektion:
Karl Gustav Helm aus Reppen, Theodor Johannes Seyferth aus Oschatz, Ernst Emil Kurth aus Neusornzig, Friedr. Herm. Döring aus Zschockau, Ernst Bruno Kraft aus Ablass, Gustav Herm. Vogel aus Dahlen.

In der 4. Sektion:
Ernst Julius Fuchs aus Strauch, Friedr. Aug. Voigtmann aus Quetz, Aug. Reinhold Strehle aus Sornzig, Richard Oswin Fasold aus Dresden, Richard Oskar Werner aus Wellerswalde.

Von diesen erhielten in Sitten 21 die I, 2 die II; in Wissenschaften erhielten 5 die II., 7 die III., 6 die IV. und 5 die V. Zensur; in der musikalischen Prüfung, der sich 11 unterzogen hatten, erhielt 1 die II., 2 die III. und 8 die IV. Zensur. 8 Kandidaten wurden dem Oschatzer, je 7 dem Döbelner und Leipziger und 1 dem Chemnitzer Inspektionsbezirk zugewiesen.

Die Entlassungsfeier der Abiturienten wurde am 29. März unter Ansprache und Aushändigung der Reifezeugnisse Seitens des Direktors vollzogen. Nach Vortrag der Motette v. Haydn: Du bist's, dem Ehr' und Ruhm gebührt richtete der Abiturient Maultzsch Worte des Abschieds an Direktor, Lehrerkollegium und die zurückbleibenden Schüler, welche vom nunmehrigen Primus Marx erwidert wurden.

Nachdem am 3. u. 4. März die schriftlichen Klausurarbeiten von den übrigen 5 Klassen gefertigt worden, wurden die mündlichen Prüfungen am

31. März und 1. April, sowie die Prüfungen der Übungsschule am 3. April in der Aula abgehalten. Am 4. April wurden die Konfirmanden der Übungsschule durch Oberl. Hänsch im Auftrage des Direktors feierlich entlassen.

Ostern 1879 bis Ostern 1880.

Nachdem am 21. April Fr. Wilh. Seyffarth an Stelle des nach Friedrichstadt-Dresden versetzten Oberlehrers Olzmann zur vikariatweisen Verwaltung der 10. Oberlehrerstelle als provisorischer Oberlehrer und Fr. Wilh. Wagner an Stelle des nach Leipzig auf 1 Jahr beurlaubten prädizierten Oberlehrers Händler als Vikar verpflichtet worden, fand am 22. April die Einweisung derselben durch den Direktor statt. Sodann wurden die am 17. Februar bereits geprüften 29 Schüler ins Seminar und 18 Kinder in die Übungsschule feierlichst aufgenommen.

Das Geburtsfest Sr. Maj. des Königs wurde am 23. April gefeiert. Nach dem Choralgesange: Du gründest, Allgewaltiger etc. hielt Oberlehrer Sieber die Festrede über die Pflege des Gesangs in der Volksschule, dann folgte der Vortrag des Salvum fac regem von Brähmig, darauf die Vorführung eines Lebensbildes Lessings durch den Primaner Baumann und zum Schluss der Gesang der Sachsenhymne. Eine Festspeisung vereinigte das Lehrerkollegium und den Cötus in der Turnhalle.

Am 21. Mai inspizierte Herr Inspektor Tretau den Zeichenunterricht.

Infolge einer unter dem 28. 31. Mai ergangenen Generalverordnung des Kultusministeriums, der Bedeutung des goldnen Ehejubiläums des deutschen Kaisers und der deutschen Kaiserin in einer entsprechenden Weise zu gedenken, wurde am 11. Juni unter Anteilnahme des gesamten Lehrerkollegiums, des Schülercötus und der ersten beiden Klassen der Übungsschule eine Morgenandacht in der Aula abgehalten, bei welcher nach Choralgesang ein Gebet vom Direktor gesprochen und darauf das von Müller v. d. Werra gedichtete und von Reinicke komponierte Lied: „In des Reiches Zollernkrone" vom Chore unter Pianofortebegleitung des Oberl. Sieber vorgetragen wurde.

Die Vorbereitungsandacht zur Kommunion leitete am 19. Juni Oberl. Schmidt und am 6. Nov. Oberl. Schödel.

Das Schulfest der Übungsschule fand am 23. Juni im Garten des Restaurant zum Weinberg statt.

Die Sedanfeier am 2. Sept. verlief nach folgendem Programm: Nach dem Choral: Lobe den Herren u. s. w. führte Primaner Heyde ein Lebensbild des Kriegsmin. von Roon vor, worauf abwechselnd patriotische Gesänge und Deklamationen folgten.

Vom 8.—11. Sept. wurden die Michaelisprüfungen abgehalten.

Am 30. Oktober hatten sich Lehrer und Schüler in der Aula versammelt, um von dem zum Director der städtischen Schulen in Riesa ernannten Oberl. Bach feierlich Abschied zu nehmen. Mit herzlichem Danke für die der Anstalt bewiesene hingebende Treue und unter den herzlichsten Segenswünschen für seine fernere Zukunft wurde derselbe vom Direktor in einer feierlichen Ansprache verabschiedet.

Am 1. Nov. hatte die Anstalt die traurige Pflicht zu erfüllen, den am 28. Okt. in Folge einer Brustfell- und Lungenentzündung im hiesigen Krankenhause verstorbenen Primus des Cötus Herm. August Marx aus Laas zur letzten Ruhestätte zu geleiten. Mit Gesang und Gebet und unter einer vom Direktor gehaltenen Grabrede wurde der hoffnungsvolle teure Schüler in Laas dem Schoos der Erde übergeben.

Am 6. Nov. wurde Alfred Max Donner vom Direktor zur vicariatweisen Verwaltung der 9. Oberlehrerstelle als provisorischer Oberlehrer verpflichtet und eingewiesen.

Vom 1.—3. Dezember wurden unter Vorsitz und in Gegenwart der bisherigen Kommissare die Wahlfähigkeitsprüfungen mit 18 Schulamtskandidaten vorgenommen, von denen 16 auf dem hiesigen, 2 auf nichtsächsischen Seminaren vorgebildet waren. 15 Kandidaten und zwar Kunath, Engelmann, Finck, Brückner, Paul, Reinhard, Berger, Kröber, Kramer, Krüger, Meltzer, Reinicke, Richter, Zschucke, Liefers bestanden die Prüfung. Von diesen erhielten 2 die II., 4 die III., 8 die IV. und 1 die V. Zensur in Wissenschaften, während 3 eine Zensur nicht erteilt werden konnte.

Am 22. Dez. wurde in der Aula, die mit zwei mächtigen Christbäumen geschmückt war, eine musikalisch-deklamatorische Abendunterhaltung veranstaltet, wodurch in den Herzen der am nächsten Tage in die Weihnachtsferien ziehenden Schüler die rechte Feststimmung bereitet wurde.

Am 6. Febr. fand in Gegenwart des Herrn Geh. Schulrat Dr. Bornemann die Aufnahmeprüfung mit 28 Aspiranten statt. 20 Schüler wurden in die 6., 2 in die 5. und 1 in die 4. Klasse aufgenommen, während 5 wegen ungenügender Vorbildung zurückgewiesen werden mussten.

Vom 1.—5. März wurden die Schulamtskandidatenprüfungen unter Vorsitz und in Gegenwart der bisherigen Kommissare mit folgenden 16 Primanern abgehalten: Hermann Gottlob Jahn aus Stancha, Fr. Mor. Köhler aus Klingenhain, Aug. C. Assmus aus Knatewitz, Herm. Heinr. Haacke aus Rosswein, William Max Krieger aus Lommatzsch, Franz Hugo Claus aus Rosswein, Julius Max Preil aus Naundorf, Fr. Paul Baumann aus Mittweida, Emil Arthur Lohmann aus Limbach, Max Detlev Herrfurth aus Mittweida, Georg Felix Thierig aus Wellerswalde, Fr. Herm. Weber aus Collm, Fr. C. Heyde aus Pegau, Fr. Rich. Gruhne aus Meltewitz, Rob. Hugo Pfeifer aus Pegau, Otto Tränkner aus Liebschütz. Von diesen erhielten 9 die III., 5 die IV. und 2 die V. Zensur in Wissenschaften. Ein nicht hier vorgebildeter Examinand wurde wegen ungenügender schriftlicher Arbeiten und wegen begründeten Verdachts der Täuschung durch Benutzung unerlaubter Hilfsmittel bei Fertigung der Klausurarbeiten zurückgewiesen. In der Musikprüfung empfingen 2 die II., 3 die III. und 2 die IV. Zensur, so dass denselben die Befähigung für den Kirchendienst zugesprochen werden konnte. 8 Kandidaten wurden dem Döbelner, 4 dem Oschatzer, 2 dem Grossenhainer, 1 dem Bornaer Schulinspektionsbezirk zugewiesen, während einer vor der Hand noch keine Stelle erhalten konnte.

Am 12. März wurden die 16 vorgenannten Kandidaten durch den Direktor feierlich entlassen.

Nachdem bereits am 20. und 21. Febr. die Klausurarbeiten zu den Klassenprüfungen gefertigt worden, wurden am 15. u. 16. März die übrigen 5 Seminarklassen und am 18. März die 4 Klassen der Seminarübungsschule geprüft.

Mit der feierlichen Verabschiedung der beiden provisorischen Oberlehrer Seyffarth und Donner durch den Direktor am 19. März und mit der darauf folgenden Entlassung der 7 Konfirmanden aus der Übungsschule durch Oberl. Hänsch wurde dieses Unterrichtsjahr geschlossen.

Ostern 1880 bis Ostern 1881.

Am 5. April erfolgte die feierliche Einweisung des 9. Oberl. Eduard Rudolf Voigt und des provis. Oberl. Wiedemann, sowie die Vollziehung der Aufnahme der neueintretenden 23 Schüler durch den Direktor, der die Aufnahme der Kinder in die Übungsschule dem Oberl. Hänsch übertragen hatte.

Am 20. März fand die Verpflichtung des bisherigen Hausmeisters an der Annaberger Realschule I. Ord. Richard Schöber zum Hausmeister und Ökonom am hiesigen Seminar für den an die Königliche Taubstummenanstalt nach Leipzig beförderten bisherigen Hausmeister und Ökonom Grahl durch den Direktor statt.

Zur Feier des Geburtstages Sr. Majestät des Königs am 23. April wurde nach dem Vortrage des Morgengebetes von Mehul die Festrede vom Vikar Wagner über Nordenskjölds Nordostpassage gehalten, worauf nach Absingung des Salvum fac regem von Richter der Primaner Prasch ein Lebensbild Gellerts entrollte. Der Vortrag der Sachsenhymne schloss die Feier in der Aula, während das darauf in der Turnhalle abgehaltene Festmahl Lehrer und Schüler noch länger vereinigte.

Am 29. Mai erfolgte durch den Direktor die feierliche Verabschiedung des zum Seminardirektor nach Annaberg berufenen bisherigen 1. Oberlehrers C. F. Schmidt. Unter dem Ausdrucke des wärmsten Dankes für seine treue und gesegnete Wirksamkeit an der hiesigen Anstalt und mit den herzlichsten Segenswünschen für seine weitere amtliche Thätigkeit wurde dem scheidenden Kollegen das Werk von Heinrich Kurz: „Die Geschichte der deutschen Litteratur" zum Andenken überreicht.

Die Vorbereitungsrede zur Kommunionfeier wurde am 17. Juni vom Direktor, am 21. Okt. vom Oberl. Schödel gehalten.

Klassenausflüge wurden am 10. Juni mit der 6. Klasse von ihrem Ordinarius Oberl. Voigt u. mit der 5. Klasse am 7. Juli vom Oberl. May nach Wermsdorf u. am 21. u. 22. Juni mit der 3. Klasse vom Oberl. Schödel in die sächsische Schweiz unternommen.

Am 21. Juni fand die feierliche Einweisung des provis. Oberlehrers Wilh. Plaul durch den Direktor statt.

Am 7. Juli revidierte Herr Inspektor Tretau den Zeichenunterricht.

Zum Sedanfest am 2. Sept. wurde nach Vortrag des Gesanges: Es lebe der Kaiser von Franz Kücken ein Lebensbild Moltkes vom Primaner Mäder entworfen, worauf patriotische Gesänge und Deklamationen miteinander abwechselten.

Am 5. Okt. erfolgte die feierliche Einweisung des zum 1. Oberlehrer am hiesigen Seminar berufenen Ernst August **Schwerdtner** durch den Direktor.

Am 1. Okt. wurden der bisherige provisor. Oberlehrer **Wiedemann** zum 10. ständigen Oberlehrer und der bisherige Vikar **Wagner** zum ständigen Seminarlehrer an hiesiger Anstalt ernannt.

Zu den vom 6.—12. Dez. abgehaltenen Wahlfähigkeitsprüfungen hatten sich 25 Schulamtskandidaten angemeldet, 24 waren erschienen und folgende 23 hatten die Prüfung bestanden: W. L. Müller, Beyreuther, Bunge, Epstein, Fischer, Graf, P. F. Günther, Hauffe, Hessel, Heinrich, Schubert, Kirsten, Kunze, Lungwitz, P. H. Marx, Beger, E. R. Richter, Schlichter, Lampadius (fremd), E. R. Hofmann, Uhlig, Zittwitz, P. Schneider. Von diesen hatten auch 2 sich der musikalischen Prüfung unterworfen und durch Bestehen derselben die Anwartschaft auf Anstellung im Kirchendienste erhalten.

Am 18. Dez. fand eine musikalisch-deklamatorische Abendunterhaltung in der Aula statt, bei welcher ausser 2 grösseren Konzertstücken für Orgel von Töpfer grösstenteils Gesänge und Deklamationen, die sich auf die Feier des Christfestes bezogen, zum Vortrage gelangten.

Am 28. Febr. 1881 fand die Aufnahmeprüfung mit 23 Aspiranten statt, von denen 19 sich als aufnahmefähig für die 6. Klasse erwiesen.

Nachdem vom 21. Febr. bis 3. März von den 22 Schülern der ersten Klasse die schriftlichen Prüfungsarbeiten gefertigt waren, fanden vom 14.—17. März die mündlichen und praktischen Schulamtskandidatenexamina unter dem bisherigen Prüfungskommissar statt. Die Examinanden waren: G. A. **Hellinger** aus Schöneck, G. O. **Hofmann** aus Hof, J. **Türke** aus Lengenfeld i V., C. F. **Schirrmeister** aus Börln, E. P. **Wittig** aus Ablass, F. A. **Heyde** aus Watzschwitz, E. O. **Kühne** aus Riesa, K. R. **Nicklitzsch** aus Wellerswalde, G. R. **Kretzschmar** aus Churschütz, E. O. **Werner** aus Ganzig, O. A. **Voigt** aus Dahlen, R. **Petzold** aus Körlitz, G. R. **Prasch** aus Hof, P. A. **Canitz** aus Strauch, E. H. **Müller** aus Leisnig, A. **Mocker** aus Trebelshain, E. **Müller** aus Börtewitz, A. A. **Mäder** aus Russdorf, F. R. **Perschmann** aus Schwarzbach, C. H. **Becker** aus Oschatz, A. H. B. **Johst** aus Bockwitz, K. M. **Liske** aus Leisnig. Von diesen erhielten in Wissenschaften 3 die II., 8 die III., 7 die IV. und 4 die V. Zensur. In der Musikprüfung empfing 1 die II., 1 die III., 4 die IV. und 1 die V. Zensur, so dass 6 die Befähigung für den Kirchendienst erlangten, 9 Kandidaten wurden dem Oschatzer, 8 dem Döbelner und 1 dem Schulinspektionsbezirk Dresden II zugewiesen, während 4 vorläufig keine Stelle erlangen konnten. Am 26. März wurden die 22 Abiturienten in feierlicher Weise vom Direktor entlassen.

Mitten in die Examenzeit am 16. März fiel die Revision des Zeichenunterrichts durch Herrn Inspektor Tretau.

Nach Fertigung der Klausurarbeiten für die Klassenprüfungen am 21. und 22. März wurden die mündlichen Prüfungen der übrigen 5 Klassen des Seminars am 4. und 5. April, die Prüfungen der Übungsschule am 7. April abgehalten. Am 8. April wurden die Konfirmanden der Übungsschule 8 Knaben und 8 Mädchen, im Auftrag des Direktors durch Oberl. Hänsch entlassen.

Ostern 1881 bis Ostern 1882.

Mit Beginn des Unterrichtsjahres am 26. Apr. wurden die 19 Aspiranten, welche die Prüfung am 28. Febr. bestanden hatten, ins Seminar durch den Direktor, sowie 15 Kinder durch Oberl. Hänsch im Auftrage des Direktors in die Übungsschule feierlich aufgenommen.

Da das Geburtsfest Sr. Maj. des Königs in die Ferienzeit gefallen war, so fand am 30. April eine Nachfeier desselben statt. Nach dem Gesange einiger Verse aus dem Liede: „Sei Lob und Ehr" hielt Oberl. Hänsch die Festrede über die Pflege des Idealen in der Schule. Auf das sich daran anschliessende Salvum fac regem von Hauptmann folgte der Vortrag des Primaners Brand über Herzog Albrecht den Beherzten. Mit dem Gesange der Sachsenhymne schloss die Feier in der Aula; die Festspeisung des Lehrerkollegiums und des Schülercötus erfolgte wie bisher in der Turnhalle.

Sommerausflüge wurden mit der 1. Klasse am 17. und 18. Juni vom Direktor und mit der 3. Klasse vom Oberl. Schödel am 25. und 26. August in die sächsiche Schweiz, mit der 4. 5. und 6. Klasse am 21. Juni von den Oberl. Voigt und May ins Zschopauthal unternommen. Das Übungsschulfest wurde am 2. Juli im Garten des Weinbergrestaurants abgehalten.

Die Kommunionsvorbereitungsrede hielt am 7. Juli der Direktor, am 10. Nov. Oberl. Schödel.

Am Sedanfeste hielt nach dem Gesange des Macte imperator von Lachner der Primaner Voigt einen Vortrag über General v. Göben, worauf patriotische Lieder und Deklamationen folgten. Nach dem Aktus beteiligte sich das Lehrerkollegium auf deshalb ergangene Einladung von Seiten des Stadtrates am Festzuge zur Grundsteinlegung des neuen Bürgerschulgebäudes.

Am 17. und 18. Okt. beehrte Herr Geheimer Schulrat Dr. Bornemann die Anstalt behufs einer Revision mit seinem Besuche.

Zu den vom 21. bis 24. Nov. abgehaltenen Wahlfähigkeitsprüfungen, die von den bisherigen Mitgliedern der Prüfungskommission geleitet wurden, waren 22 Examinanden erschienen, von denen folgenden 21 die Wahlfähigkeit zugesprochen wurde: Fuchs, Hopf, Kurth, Lehmann, J. Seyferth, Maultzsch, Döring, Fasold, Fiselius, Henschel, Kraft, Krell, Pfauter, Schreyer, Voigtmann, W. Häntzschel, Wartenberg, Helm, Emerich, Vogel, Werner aus Wellwers. Von diesen erhielten in Wissenschaften 6 die II., 9 die III., 3 die IV. und 3 die V. Zensur.

Am 10. Dez. feierte die Anstalt das Fest ihres 10jährigen Bestehens. Zu diesem Zwecke hatte sich ein Festkomitee aus früheren Schülern gebildet, die unter sich eine ansehnliche Summe zur Beschaffung einer kostbaren Fahne, welche in der Kunststickereihandlung des Königl. Hoflieferanten Hietel in Leipzig angefertigt worden war, gesammelt hatten und dieselbe vor einer Versammlung zahlreich erschienener Ehrengäste, des Lehrerkollegiums und der gegenwärtigen Zöglinge als ein Zeichen des Dankes und der Anhänglichkeit an die Anstalt durch den Lehrer Kunath, vormals Primus des Seminars, dem Direktor überreichen liessen. Nachdem der letztere als Vertreter der Anstalt unter Versicherung des wärmsten Dankes gegen die Geber das wertvolle Geschenk übernommen, weihte er die Fahne als ein Zeichen und Unterpfand des Gelübdes, allezeit zu sein „Voll heilger Gottesscheu! Durch wahre Bildung frei! Im Lehreramte treu! Nach dem Gesange des Fahnenweihliedes von Molz sprach der gegenwärtige Primus Berthold seinen Dank gegen die Anstalt im Namen seiner Mitschüler aus. Unter Vorantritt des Stadtmusikchors wurde nunmehr ein Festzug, in dessen Mitte die neugeweihte Fahne, getragen von ihrem stattlichen Bannerträger Eschebach, lustig flatterte, nach dem prächtig geschmückten Rathaussaale veranstaltet. An dem hier abgehaltenen Festmahle, welches mit ernsten und heiteren Trinksprüchen reich gewürzt war, beteiligten sich die Spitzen der Königlichen und städtischen Behörden als Ehrengäste, das gesamte Lehrerkollegium, die früheren Schüler und die beiden ersten Klassen des gegenwärtigen Cötus. Nach aufgehobener Tafel wurde unter der Leitung des Oberl. Sieber ein aus Klavier- und Gesangsvorträgen bestehendes Konzert abgehalten, an welches sich ein Ball anschloss. Den Schluss bildeten einige humoristische Aufführungen früherer Schüler. Kein Misston trübte das schöne Fest, welches wesentlich dazu beigetragen hat, dass das Band zwischen den Lehrern und früheren, wie jetzigen Schülern immer fester geknüpft worden ist. Darum Dank allen, die keine Opfer gescheut, um das Fest zu einem wahren Freudenfest zu gestalten.

Am 19. Febr. 1882 wohnte das Lehrerkollegium und der Schülercötus dem höchst interessanten Vortrage des Hofrat Dr. Gerhard Rohlfs über seine im Winter 1880—1881 unternommene Reise nach Abessinien bei.

Nach Fertigung der schriftlichen Arbeiten vom 13.—23. Febr. wurden die mündlichen Schulamtskandidatenprüfungen, denen Herr Geheimer Schulrat Dr. Bornemann beiwohnte, vom 6.—9. März mit 22 Schülern der 1. Klasse abgehalten, von denen folgende 21 die Prüfung bestanden: R. B. Berthold, A. B. Brand, G. W. Zehrfeld, F. O. Lehmann, Th. H. Platz, M. B. Kühne, H. W. G. Werner, A. H. Schroth, O. G. Voigt, R. H. Paul, H. O. Trentzsch, F. R. Kleine, G. F. H. Schinze, P. E. Siegel, E. Th. Heym, K. R. Eschebach, E. C. Bartsch, F. E. Heinze, H. M. Schäfer, H. E. Lindemann, G. F. Vödisch. Von diesen erhielten 3 die II., 9 die III., 9 die IV. Zensur in Wissenschaften. In der Musikprüfung empfingen 2 die II., 1 die II. und 8 die IV. Zensur. 10 wurden dem Oschatzer, 4 dem Döbelner, 4 dem Schulinspektionsbezirk Leipzig II zugewiesen, während 3 zurückzustellen waren. Am 18. März wurden diese 21 Abiturienten durch den Direktor feierlich entlassen.

Ostern 1882 bis Ostern 1883.

Am 18. April wurde der bisherige Hilfslehrer an der hiesigen Bürgerschule Gustav Alwin Hellinger an Stelle des nach Plauen b. Dresden übergesiedelten Engelmann als Hilfslehrer am hiesigen Seminar durch den Direktor feierlich eingewiesen, und sodann 23 Aspiranten, die am 20. Febr.

die Prüfung bestanden, in die 6. Klasse und 9 Kinder in die Übungsschule aufgenommen.

Am 23. April wurde nach beendigtem Sonntagsgottesdienste ein feierlicher Aktus zur Feier des Geburtsfestes Sr. Majestät des Königs abgehalten. Oberl. Schödel hielt die Festrede über Franz von Sickingen, sodann folgte nach dem Gesange des Salvum fac regem von Löwe der Vortrag des Primaners Krüger über Kurfürst Johann Georg III. Mit dem Gesange der Sachsenhymne schloss die Feier in der Aula. Nach beendigtem Nachmittagsgottesdienste fand ein Festmahl für das Lehrerkollegium und den Schülercötus in der Turnhalle statt.

Sommerausflüge wurden unternommen am 18. Mai mit der 5. Klasse vom Oberl. May und am 5. Juli mit der 6. Klasse vom Oberl. Voigt nach Wermsdorf, am 14. und 15. Juli mit der 3. Klasse vom Oberl. Schödel ins Muldenthal.

Am 21. Aug. beehrte Herr Geh. Schulrat Dr. Bornemann die Anstalt mit seinem Besuche.

Am Sedanfeste hielt der Primaner Mühler einen Vortrag über Ludwig v. d. Tann, dann wurden patriotische Gesänge, sowie Klavier- und Violinstücke vorgetragen.

Am 22. Sept. fand eine Abschiedsfeier für den ins Pfarramt nach Mulda berufenen Oberl. Schödel in der Aula statt, bei welcher der Direktor dem scheidenden Kollegen den Dank der Anstalt für die ihr geleisteten treuen Dienste aussprach.

Am 3. Okt. wurde Dr. Günther, bisher 9. Oberl. am Seminar zu Pirna, als 7. Oberlehrer am hiesigen Seminar durch den Direktor feierlichst eingewiesen. Infolge dessen rückten die Oberlehrer Hänsch, Sieber, Maier, Mohn und Stein in die nächst höheren Stellen ein.

Kommunionsvorbereitungsandachten wurden am 6. Juli vom Direktor, und am 26. Okt. vom Oberlehrer Dr. Günther gehalten.

Zum Besten des Sächs. Pestalozzi-Vereins und der hiesigen Volksbibliothek wurde am 19. Nov. das Musikdrama Heinrich der Finkler, Dichtung von Karl Lemcke, Musik von Franz Wüllner, vom Seminarchor unter Leitung des Oberl. Sieber und unter gefälliger solistischer Mitwirkung der Damen Frau Helene Maier und Fräulein Margaretha Schöncke in Oschatz, sowie eines früheren Schülers, des Lehrers O. Zschucke zu Greifendorf im hiesigen grossen Rathaussaale zu Gehör gebracht.

Die Wahlfähigkeitsprüfungen, zu denen sich 17 Examinanden gemeldet hatten, wurden vom 4.—6. Dez. abgehalten und von folgenden 16 bestanden: Gruhne, Jahn, Weber, Kumlehn (fremd), Thierig, Claus, Haake, Heyde, Köhler, Lohmann, Assmus, Krieger, Pfeifer, Preil, Tränkner, Naupert. Von diesen erhielten 5 die II., 5 die III., 5 die IV. und 1 die V. Zensur.

Am 5. Febr. 1883 wurde die Aufnahmeprüfung mit 20 Aspiranten gehalten, von denen 18 definitiv, 2 versuchsweise aufgenommen wurden.

Vom 29. Januar bis 21. Febr. wurden die schriftlichen und mündlichen Schulamtskandidaten-Prüfungen mit 18 Zöglingen der ersten Klasse abgehalten und zwar mit: F. R. Schöne, F. M. Mühler, C. F. O. Lehmann, E. R. Seyferth, C. R. Claus, C. P. Hähnel, A. B. Rehnig, M. E. A. Johst, M. R. Schneider, O. F. Fischer, H. O. Moser, F. P. Krüger, B. Arnold, O. C. Volke, O. O. Lohse, F. A. Schurig, L. Richter, O. P. Stützner. Von diesen erhielten in Sitten 14 die I., 2 die II. und 2 die III. Zensur; in Wissenschaften 3 die II., 3 die III., 8 die IV und 4 die V. Zensur. In der Musikprüfung empfingen 2 die II., 2 die III. und 4 die IV. Zensur; 3 wurden dem Döbelner, 3 dem Oschatzer, 2 dem Grossenhainer, je 1 dem Schulinspektionsbezirk Rochlitz, Chemnitz 1 und Leipzig II zugewiesen und 2 traten in Hauslehrerstellungen ein. 5 konnten keine Stellungen erhalten. Am 3. März wurden die Abiturienten durch den Direktor feierlich entlassen.

Am 12. und 13. März wurden die Klassenprüfungen des Seminars und am 15. März die der Übungsschule abgehalten; am 16. März wurden die Konfirmanden der Übungsschule entlassen.

Ostern 1883 bis Ostern 1884.

Nachdem am 3. April 20 neue Schüler ins Seminar durch den Direktor und 12 Kinder in die Übungsschule aufgenommen worden, begann der Unterricht mit 133 Seminaristen und 88 Übungsschulkindern; das Lehrerkollegium war dasselbe geblieben.

Am 23. April wurde der Geburtstag Sr. Majestät des Königs nach folgendem Programm gefeiert: Oberlehrer Maier hielt die Festrede, in welcher er sich über das höfische Leben in Gottfried's von Strassburg Tristan verbreitete. Nach dem Gesange der Sachsenhymne gab der Primaner Max Richter aus Oschatz eine Beschreibung des Lebens eines deutschen Bürgerhauses vor 100 Jahren nach Goethes Hermann und Dorothea.

Am 19. Juni beteiligte sich das Lehrerkollegium mit dem Seminarcötus auf vorherige Einladung von Seiten des hiesigen Stadtrates an den Einweihungsfeierlichkeitsn der neuen Bürgerschule.

Nachdem am 20. und 21. Juni der Turnunterricht durch Herrn Direktor Dr. Lion inspiziert worden, fand vom 26. bis 28. Juni eine Revision des gesamten Seminarunterrichts durch Herrn Geheimen Schulrat Dr. Bornemann und am 19. und 20. Sept. eine solche des Musikunterrichts durch Herrn Hoforganist Merkel statt.

Am 29. und 30. Juni unternahmen die 2. und 3. Klasse unter Führung ihrer Ordinarien Oberl. Schwerdtner und Maier einen Ausflug in die sächsische Schweiz.

Am 6. Juli wurde die Kommunions-Vorbereitungsrede vom Direktor und am 15. Nov. vom Oberlehrer Dr. Günther gehalten.

Am 7. Juli wurde das Schulfest der Seminarschule in der bisherigen Weise im Garten des Weinberg-Restaurant gefeiert.

Die Sedanfeier wurde diesmal Sonnabend am 1. Sept. nach folgendem Programm abgehalten: Nach dem Gesange des Macte senex imperator von Lachner entrollte der Primaner Kübner ein Lebensbild Scharnhorst's, darauf folgte ein Präludium von Bach für Klavier und Geige, dem sich der Vortrag des Trauermarsches von Beethoven anschloss. Mit dem Gesange des Liedes: Heil euch, wackere Krieger von Strunz endete die Feier.

Vom 10.—12. Sept. fanden die Michaelisprüfungen statt.

Zur 4. Säkulärfeier des Geburtstags Dr. Luthers wurde folgendes Programm durchgeführt: Nach dem Gesange des Lutherliedes: Ein' feste Burg etc. hielt der Direktor an die zahlreich versammelte Zuhörerschaft eine Ansprache, in der er sich über die Bedeutung des Festes im allgemeinen verbreitete, darauf wurde der Lutherhymnus von Karl Hauer gesungen, dem sich die Rede des Oberlehrer Voigt über Luthers Entwickelung zum Reformator, seine Thätigkeit als solcher, sowie über die Erfolge seiner Wirksamkeit anschloss. Mit dem Gesange: Herr Gott, dich loben wir etc. schloss dieser Teil der Feier. Am 11. Nov. Abends 5 Uhr wurde in der hiesigen zum ersten Male mit Gas erleuchteten schönen Aegidienkirche, die bis auf den letzten Platz gefüllt war, das grosse Oratorium: Luther in Worms von L. Meinardus vom Seminarchor und einer Anzahl kunstgeübter einheimischer und auswärtiger Kräfte unter Leitung des Oberlehrer Sieber aufgeführt.

Vom 3.—7. Dezember wurden unter den bisherigen Kommissaren und Examinatoren, zu welchen letzteren Oberl. Wiedemann zugezogen worden ist, die Wahlfähigkeits-Prüfungen mit 22 Schulamts-Kandidaten abgehalten, von denen folgende 21 bestanden: Becker, Heyde, Jost, Hellinger, Herrturth, Kretzschmar, Hofmann, Kühne, Mäder, Müller (Ernst), Mocker, Nicklitzsch, Petzold, Müller (Hermann), Prasch, Schirrmeister, Starke, Türke, Voigt, Werner-Ganzig, Wittig. Von diesen erhielten in den Wissenschaften 1 die I., 2 die II., 11 die III., 5 die IV. und 2 die V. Zensur. Auf Grund ihrer Zeugnisse von Seiten der Lokalschulinspektoren waren 19 die erste und 2 die zweite Sittenzensur zuerkannt worden.

Am 18. Dezember wurde in der Turnhalle eine Abendunterhaltung abgehalten, bei welcher 2 kleine Lustspiele von den Schülern der oberen Seminarklassen zur Aufführung gebracht wurden. Ein Tänzchen schloss diese gesellige Vereinigung, zu welcher die angesehensten Familien der Stadt auf Einladung erschienen waren.

Am 19. und 20. Januar 1884 wurden 2 vom Prof. William Finn aus London abgehaltene Experimentalvorträge aus dem Gebiete der Physik besucht.

Am 25. Februar wurden 14 Aspiranten in die 6. Klasse aufgenommen.

Vom 18. Februar bis 12. März wurden die Schulamtskandidatenprüfungen mit 22 Schülern der 1. Klasse abgehalten. Es waren dies: G. H. Schöne, K. A. Walther, O. R. Schwarzbach, A. R. Kaul, E. J. Kaubisch, A. E. Tränkner, C. M. Unze, A. M. Richter, M. P. Keymer, H. M. Sturm, H. O. Töpel, K. H. Sander, E. R. Pechlöffel, M. G. Bräuer, R. H. Rübner, E. H. Zätzsch, K. R. Mühlmann, M. W. Wohllebe, A. Döring, P. E. R. Künnert, M. R. Kirchner, E. Reichel. Sie bestanden sämtlich die Prüfung und zwar erhielten in Sitten 20 die I., 2 die II. Zensur, in Wissenschaften 1 die I., 2 die II., 11 die III., 7 die IV., 1 die V. Zensur; in der Musikprüfung empfingen 2 die II., 5 die III., 1 die IV. und 2 die V. Zensur. 5 Kandidaten wurden dem

Oschatzer, 3 dem Rochlitzer, 2 dem Leipziger, 1 dem Dresdner, 1 dem Freiberger Inspektionsbezirk zugewiesen, während ein Kandidat eine Hauslehrerstelle in Livland annahm; 9 mussten zurückgestellt werden. Die mündlichen und praktischen Prüfungen beehrte Herr Geheimer Schulrat Dr. Bornemann mit seiner Anwesenheit. Am 22. März wurden die Kandidaten vom Direktor feierlich entlassen.

Statt des Lehrberichts, der nur eine Reproduktion der vorgeschriebenen und von der Anstalt streng eingehaltenen Lehrordnung sein würde, mögen hier die schriftlichen Aufgaben zu den Klausurarbeiten für die Abiturientenprüfungen Ostern 1883 und sodann die Themen zu den deutschen Aufsätzen, beziehentlich freien Vorträgen der einzelnen Klassen folgen. Das Thema zur deutschen Arbeit für die Abgangsprüfung Ostern 1883 lautete: „Die Persönlichkeit des Lehrers als zuverlässigste Gewähr für das Gelingen seiner Thätigkeit."

Zu den Katechesen und katechetischen Entwürfen wurden die einzelnen Abschnitte des ersten und zweiten Artikels als Texte verwendet.

Als Themen waren gegeben:

In der Geschichte: 1. Die Nationalspiele der Griechen. 2. Die Römerzüge der deutschen Kaiser. 3. Die Einrichtungen des deutschen Militärwesens während des Mittelalters und im dreissigjährigen Kriege.

In der Geographie: für Sektion I: 1. Beschreibe das Stromgebiet des Rheins nach folgenden Gesichtspunkten: a) Grösse und Ausdehnung desselben; b) der Hauptstrom nach Länge und Einteilung; c) Hauptrichtungen nach Zahl, Länge und nächster Umgebung des Flusslaufes; d) Charakteristik des Hauptflussthales; e) Nebenflüsse mit Angabe der Quellen, der Hauptrichtungen des Laufs und der Mündungen; f) Charakter der wichtigsten Nebenflussthäler; g) Angabe der Staaten, denen das Rheingebiet angehört und der wichtigsten Städte in dem Gebiet; h) Kommerzielle, kulturelle und geschichtliche Bedeutung des Rheingebiets. 2. Die Bewegung der Luft. 3. Darstellung der Entstehung der Jahreszeiten durch die Stellung der Erde zur Sonne und zur Ekliptik. 4. Woraus und wie erklärt sich die verschiedene Länge der Jahreszeiten, sowie die verschiedene Dauer des Sonnen- und Sternentages.

für Sektion II:

1. Die wichtigsten Wasserstrassen Russlands mit den Hauptplätzen daran. 2. Vergleich zwischen Amerika und Asien hinsichtlich ihrer orographischen Beschaffenheit. 3. Sachsens Mineralschätze. 4. Ebbe und Flut. 5. Nachweis, dass die Insolation oder die Wärmestrahlung der Sonne die Hauptursache der Temperatur überhaupt, sowie der jährlichen und täglichen Temperaturschwankungen auf der Erde ist.

für Sektion III:

1. Vergleich zwischen Grossbritannien und Japan, dem Grossbritannien Asiens. 2. Die germanische Tiefebene. (Ausdehnung, Charakter der einzelnen Teile; Bewässerung; Bevölkerung; Topographisches und Geschichtliches.) 3. Die Menschenrassen und ihre Verbreitung. 4. Der Kalender.

In der Naturgeschichte und Chemie: 1. Die Gräser. 2. Die Kohle und die gasförmigen Elemente. 3. Vergleich zwischen Pomaceen und Nadelhölzern. 4. Die Seife.

In der Physik: 1. Entwicklung der Fallgesetze. 2. Vergleichung von Licht und Schall. 3. Die elektrische Induktion und der Induktionsapparat.

In der Mathematik: I. Arithmetik: 1. Wieviel muss man zu 60 Liter Wein, das Liter zu 3,5 Mk., von zwei andern Sorten, das Liter zu 2,5 Mk. und 1,5 Mk. zusetzen, wenn die Mischung à Liter 3 Mk. kosten soll? 2. Wie gross war eine Erbschaft, die $3^1/_4$ Monate vor der Verfallszeit mit $6^0/_0$ Rabatt bar mit 1600 M. ausgezahlt wurde? 3. Drei Soldaten erbeuteten zusammen 96 Mk., und diese wollten sie ganz gleichmässig unter sich verteilen. Zu diesem Zwecke gab A, dem das meiste in die Hände gefallen war, soviel an B und C, als jeder schon hatte. Geradeso teilte hierauf B mit A und C und endlich C mit A u. B. Schliesslich hatte jeder $^1/_3$ der Beute. Wieviel M. hatte jeder anfangs? 4. Löse auf: $\sqrt{x-a} + \sqrt{b-x} = \sqrt{b-a}$. 5. In einer arithmetischen Progression ist: $a = 5$ $d = 6$ $S = 456$; wie gross ist n? wie gross ist z. 6. Ein Kapitalist, der bei mehreren Fabrikanten ein Kapital von $3^1/_4 \, ^0/_0$ jährlich auf Zinsen stehen hatte, liess sich alle Vierteljahre die Zinsen bezahlen und vermehrte durch dieselben sein Kapital. Hierdurch wuchs dasselbe nach 9 Jahren auf $83,954{,}2$ Mk. an. Wie gross war das ausgeliehene Kapital? 7. Jemand kauft einige Bilder zu gleichen Preisen für 60 Mk. zusammen. Hätte er für dasselbe Geld 3 Bilder mehr erhalten, so hätte er jedes Stück um 1 Mk. billiger bekommen. Wie viel Bilder hatte er gekauft?

II. Geometrie:

1. Es ist ein beliebiges Dreieck und ausserhalb desselben ein Punkt gegeben; das gegebene Dreieck soll in ein anderes verwandelt werden, das seine Spitze in diesem Punkte hat. 2. Welche Länge hat die Hypotenuse eines rechtwinkligen Dreiecks, wenn der Inhalt 1476 qm und eine Kathete 80 m beträgt? 3. Der Inhalt eines gegebenen Kreises soll sich zum Inhalte eines andern Kreises wie 3 : 4 verhalten; konstruiere den zweiten Kreis und konstruiere dann einen dritten Kreis, dessen Umfang gleich ist der Summe der Umfänge beider Kreise. 4. Ein Dreieck zu zeichnen zu einer Seite, dem gegenüberliegenden Winkel und der Differenz der beiden diesen Winkel einschliessenden Seiten. 5. Wie gross ist der Radius einer Kugel, die genau dieselbe Oberfläche hat, wie zwei gegebene Kugeln, von denen die eine 12 ctm Radius und die andere $21{,}98$ ctm Umfang hat? 6. Eine achtseitige Pyramide von Gusseisen besitzt eine Basis von $12{,}6$ qdm und eine Höhe von 45 ctm. Durch einen zur Grundfläche parallelen Schnitt wird die Spitze abgetrennt, sodass die Spitze $^2/_3$ der Körperhöhe als Höhe erhält. Wie schwer ist der Stumpf, wenn das spezifische Gewicht des Gusseisens $7{,}4$ ist?

In der Harmonielehre: 1. Anfertigung eines Vorspiels in F ($^6/_8$-Takt). 2. Vierstimmige Bearbeitung der Choralmelodie: „Heilig, heilig" — für Orgel mit Zwischenspielen. 3. Ausführung folgender Modulationsfälle: c-As, H-C, E-f, h-g.

Im Latein: Die Rede des zum Tode verurteilten Sokrates an seine Richter

Im Schuljahr 1883—1884 in Klasse I
bearbeitete Themen zu deutschen Aufsätzen:

1. Aus der grossen Menge der gemeinnützigen Kenntnisse kann in der Volksschule nur das Notwendigste und Wissenswürdigste mitgeteilt werden. 2. Nur nach bedeutenden Thaten blüht die Poesie eines Volkes. 3. Die Pflege der Individualität durch die Schule. 4. Friedrichs des Grossen Bedeutung fürs deutsche Volk. 5. Die Beteiligung des Elsasses an der Pflege der deutschen Litteratur. 6. Brief an einen Vorgesetzten oder an einen Freund der Schule (Bezirks- oder Lokal-Schulinspektor, Kollator, Gutsherrn etc.). 7. Das deutsche Weihnachtsfest. Rede bei einer Schulfeier vor diesem Feste. 8. Die Lehrmittel der einfachen Volksschule (Abgangsarbeit).

b) Im Schuljahr 1883—1884 in Klasse I
gehaltene freie Vorträge:

1. Welchen Einfluss hat das Christentum auf die Poesie unsrer ersten Litteraturperiode ausgeübt? 2. Ein deutsches Bürgerhaus vor 100 Jahren. Nach Goethe's „Hermann und Dorothea".) 3. Wodurch weiss das Nibelungenlied unser besonderes Mitleid um Siegfrieds Tod zu erregen? 4. Warum hat es unsre erste Blüteperiode der Litteratur zu keinem Drama gebracht? 5. Durch welche Mittel erreicht das Epos die Anschaulichkeit der Erzählung? Nachgewiesen am „Nibelungenliede" und an „Hermann und Dorothea". 6. Schweizer Natur und Schweizer Volk in Schillers „Tell". 7. Der geschichtliche und der Shakespeare'sche Cäsar. 8. „Die Jungfrau von Orleans" bei Shakespeare und bei Schiller. 9. Die gesellschaftlichen Zustände Deutschlands in Goethe's „Götz von Berlichingen". 10. Wie unterscheiden sich Schiller und Uhland als Balladendichter? 11. Worin gleichen sich Götz und Karl Moor? 12. Was halten die Krieger in Wallensteins Lager von ihrem Feldherrn? 12. Inwiefern ist Schiller's „Braut von Messina" dem antiken Drama nachgebildet? 14. Der deutsche Soldat in Lessing's „Minna von Barnhelm". 15. Die christlichen Charaktere in Lessing's „Nathan". 16. Der Vertreter des Humanitätsprinzipes in Lessing's „Nathan". 17. Die orientalische Lokalfarbe der Darstellung in Lessing's „Nathan". 18. Die romantische Schule. 19. Die schwäbische Schule. 20. Die volkstümliche Litteratur unsrer Zeit. 21. Die Romanschriftsteller der Gegenwart. 22. Die geistliche Dichtung der Gegenwart.

Im Schuljahr 1883—1884 in Klasse II
bearbeitete Themen:

1. Äussere Gefahren im Völkerleben als Ursache nationalen Aufschwungs. 2. Der Wert der Robinsonade als Jugendlektüre. 3. Der innere Bau der Ballade. 4. Goethe's pädagogische Ansichten in „Hermann und Dorothea". 5. Michaelis-Examen: Entwurf der unterrichtlichen Behandlung der „Kapelle" von Uhland. 6. Uhland's Lied vom treuen Kameraden im Unterrichte. 7. Über die reproduzierten Vorstellungen. 8. Verhältnis der Gefühle zu den Vorstellungen. 9. Die Erholung.

Im Schuljahr 1883—1884 in Klasse III
bearbeitete Themen:

Erklärung von Sprichwörtern: 1. Steter Tropfen höhlt den Stein. 2. Ehrlich währt am längsten. In Form der Chrie: 3. Wem nicht zu raten ist, ist nicht zu helfen. 4. Mit des Geschickes Mächten — Ist kein ew'ger Bund zu flechten. Abhandlungen: 5. Das Wasser. 6. Der Mann und seine Wirksamkeit. 7. Nicht hänge dein Herz an die Güter der Welt, — Die das Leben vergänglich zieren. 8. Michaelis-Examen: Der Mensch und die Natur.

Im Schuljahr 1883—1884 in Klasse IV
bearbeitete Themen:

1. Tobias Witt (Charakteristik). 2. Vorfrühling (Schilderung nach Goethe's „Frühlings Auferstehung". 3. Graf Eberhard der Rauschebart. (Frei erzählt nach Uhland's Gedichten.) 4. Der Tod, ein Bruder des Schlafes. 5. Welches sind die Lichtseiten in dem Charakter des Ritters in Schiller's „Kampf mit dem Drachen?" 6. Der Habsüchtige. 7. Michaelis-Examen: Welche Erscheinungen der Natur weisen darauf hin, dass es Herbst wird? 8. Pyrenäen und Alpen (Vergleichung). 9. Gertrud, Stauffacher's Gemahlin. 10. Gegensätze in Goethe's „Fischer" und „Erlkönig". 11. Inhaltsangabe des 4. Gesanges von „Reinecke Fuchs". 12. Zwei Gesuche an Behörden. 13. Die Rütli-Scene in Schiller's „Tell".

Im Schuljahr 1883—1884 in Klasse V
bearbeitete Themen:

1. Friedrich Wilhelm von Seidlitz (Biographie nach einem Lesestück). 2. Wie man's treibt, so geht es (Erzählung). 3. Roland Schildträger (Nach Uhland's Gedicht.) 4. Das Mittel-Elbgebiet. 5. Frau Hitt (Inhaltsangabe des gleichnamigen Gedichtes und Vergleichung desselben mit der Sage) 6. Brief (Festzug am Tage der Einweihung der neuen Schule). 7. Kleines ist oft die Wiege des Grossen. 8. Sonne und Mond (Vergleichung). 9. Der Heringsfang (Beschreibung). 10. Examenarbeit: Der Kaiser und der Abt. 11. Die Nacht (Schilderung). 12. Des kleinen Volkes Überfahrt. 13. Das Königreich Belgien. 14. Schaden der Winde. 15. Der Apfelbaum, ein freundlicher Wirt. 16. Brief (ein gefangener Soldat erzählt von seinem Aufenthalt beim „Schneider in Pensa"). 17. Hund und Katze. 18. Ein Brief (Dankschreiben an einen Wohlthäter). 19. Mein Lebenslauf.

Im Schuljahr 1883-84 in Klasse VI
bearbeitete Themen.

1. Meine Heimat. 2. Der Schwanritter. 3. Mucius Scävola. 4. Wenn die Not am grössten, so ist Gottes Hilf' am nächsten. 5. Ein Brief. 6. Der Roggen. 7. Abraham. 8. Ein Spaziergang an einem Sommertage. 9. Schwäbische Kunde. 10. Klima und Vegetation von Jamaika. 11. Bewohner von Jamaika. 12. Eine Belagerung. 13. Ein Brief über das Lutherfest. 14. Der Schnee. 15. Themistokles. 16. Gedanken beim Jahreswechsel. 17. Was ich in den Ferien gelesen habe. 18. Moses. 19. Das Gebiet der Zwickauer Mulde. 20. Der Knabe Roland. 21. Die Wolken. 22. Examenarbeit: Der blinde König.

II. Statistisches.

A. Lehrerkollegium.

1. Julius Gustav Elterich, Direktor, Ordinarius der Klasse I.
2. Ernst August Schwerdtner, 1. Oberlehrer, Ordinarius der Klasse II.
3. Ernst Wilhelm Hänsch, 2. Oberlehrer, Ordinarius der Übungsschule.
4. Friedrich Gustav Sieber, 3. Oberlehrer, 1. Musiklehrer.
5. Gustav Heinrich Ferdinand Maier, 4. Oberl., Ordinarius der Klasse III.
6. Franz Traugott Mohn, 5. Oberlehrer, 2. Musiklehrer.
7. Otto Stein, 6. Oberlehrer, Turnlehrer.
8. Dr. phil. Karl Hermann Günther, 7. Oberl., Ordinarius der Klasse IV.
9. Karl Gotthelf May, 8. Oberlehrer, Zeichenlehrer.
10. Edmund Rudolf Voigt, 9. Oberlehrer, Ordinarius der Klasse VI.
11. Heinrich Georg Wiedemann, 10. Oberlehrer, Lehrer für Mathematik und Naturwissenschaften.
12. Friedrich Wilhelm Wagner, ständiger Seminarlehrer.
13. Gustav Alwin Hellinger, Hilfslehrer.

B. Schüler-Verzeichnis.
Ostern 1883—1884.

(Die Extraner sind mit *, die von der Musik Dispensierten mit d bezeichnet.)

Fortl. Nr.	Klass.-Nr.	Namen der Schüler.	Geburtsort.
		Klasse I.	
d 1	1	Schöne, Gustav Hermann	Hubertusburg
2	2	Richter, August Max	Oschatz
3	3	Rübner, Richard Heinrich	Wermsdorf
4	4	Zätzsch, Bruno Hermann	Grossenhain
d 5	5	Walther, Karl Alfred	Altenberg
6	6	*Heymer, Martin Paul	Meltewitz
7	7	Mühlmann, Karl Rudolf	Burkhardsdorf
d 8	8	Künnert, Paul Ernst Richard	Mittweida

Fortl. Nr.	Klass.-Nr.	Namen der Schüler.	Geburtsort.
9	9	*Schwarzbach, Oskar Rudolf	Leisnig
10	10	*Sturm, Hermann Max	Oschatz
11	11	*Wohllebe, Wilhelm Max	Collm
12	12	Kirchner, Richard Max	Grossenhain
d 13	13	Kaul, Adolf Richard	Grossenhain
14	14	Töpel, Hermann Otto	Zschaitz
15	15	Brüner, Gustav Moritz	Chemnitz
16	16	Döring, Arndt	Strehla
d 17	17	Kaubisch, Ernst Julius	Wesenitz
d 18	18	Sander, Karl Hermann	Panitzsch
19	19	Tränkner, Alban Erasmus	Frankenberg
d 20	20	Reichel, Ernst	Rabenstein
d 21	21	Pechlöffel, Ernst Wilhelm Richard	Wermsdorf
d 22	22	Unze, Karl Max	Reppen

Klasse II.

Fortl. Nr.	Klass.-Nr.	Namen der Schüler.	Geburtsort.
23	1	Thieme, Friedrich Robert	Zschochau
24	2	Stöbe, Friedrich Paul	Neukirchen
25	3	Kühne, Friedrich Oskar	Riesa
26	4	Weimert, Hermann Engelbert	Mockritz
27	5	Canitz, Herman Erich	Hohenstein
28	6	Böhme, Friedrich Eduard	Riesa
29	7	Hellinger, Gustav	Weida
30	8	Eckardt, Otto Gustav Richard	Reudnitz
31	9	Junghanss, Paul Otto	Däbritz
32	10	Pachow, Kurt Alexander	Moritzburg
33	11	Siegert, Max Theodor	Mügeln
34	12	Barth, Johannes Richard	Merkwitz
35	13	Rudolph, Robert Hermann	Eibau
36	14	Zettler, Karl Christian Gottlieb	Grossenhain
37	15	Günther, Julius Adolf	Grimma
d 38	16	Pfeifer, Gustav Adolf	Lommatzsch
39	17	Fehrmann, Max Richard	Weissig
d 40	18	Grünberg, Karl Rudolf Bruno	Blattersleben
41	19	Schönitz, Albert	Lichtensee
42	20	*Beck, Cäsar Emil	Grünhain
43	21	Schob, Karl Friedrich Theodor	Schrebitz
44	22	Anders, Ernst Richard	Thonberg-Leipzig
d 45	23	Winkler, Karl Georg	Zschöllau
46	24	Birn, Max Arthur	Zwönitz

Fortl. Nr.	Klass.-Nr.	Namen der Schüler.	Geburtsort.
		Klasse III.	
47	1	*Stecher, Max Richard	Grubnitz
48	2	Möbius, Karl Wilhelm	Sahlasan
49	3	Däbritz, Ernst Reinhold	Collm
50	4	*Dressler, Friedrich Robert	Oschatz
d 51	5	*Schneider, Franz Bruno	Zschepplitz
52	6	Seifarth, Friedrich Max	Mutzschen
d 53	7	Ebert, Karl Rudolf	Auerbach
54	8	Schmidt, Bruno Emil	Rosswein
55	9	Lohmann, Heinrich Richard	Neustadt-Dresden.
56	10	Busch, Friedrich Wilhelm	Bräunsdorf
57	11	Bretschneider, Karl Richard	Rostig
58	12	Franke, Albert Bernhard	Merschütz
d 59	13	Wendisch, Friedrich Hermann	Lossa
d 60	14	Irmscher, Max Georg	Merschütz
61	15	*Wartenberg, Ewald Adolf	Oschatz
d 62	16	Busch, Hugo Hermann	Pönitz
63	17	Specht, Ernst Reinhold	Börln
64	18	Kupfer, Moritz Theodor	Zschieschen
65	19	Barth, Friedrich Wilhelm	Merkwitz
66	20	*Mende, Karl Rudolf	Oschatz
d 67	21	Mehnert, Friedrich Karl	Panitzsch
68	22	Gründel, Alfred Theodor	Ermendorf
69	23	Genscher, Karl Eduard	Böhlitz
		Klasse IV.	
70	1	Siegert, Karl Friedrich	Mügeln
71	2	Steitmann, August Richard	Connewitz
72	3	Rauschenbach, Paul Leo	Leipzig
73	4	Hübner, Paul Julius	Leipzig
74	5	Grammnitz, Heinrich Louis	Sitten
75	6	*Lang, Ernst Alfred	Oschatz
76	7	Fischer, Gustav Adolf	Hof
77	8	Canitz, Friedrich Rudolf	Hohenstein
78	9	Melchior, Kurt Hugo	Fraureuth
79	10	Hermsdorf, Alfred August	Chemnitz
80	11	Donat, Karl Richard	Oschatz
81	12	Richter, Eugen Klemens	Glauchau
d 82	13	Ziegenbalg, Friedrich Wilhelm	Rosswein

Fortl. Nr.	Klass.-Nr.	Namen der Schüler.	Geburtsort.
d 83	14	Herrich, Otto Hermann	Felbern
84	15	Hermsdorf, Hermann Joh.	Leisenau

Klasse V.

Fortl. Nr.	Klass.-Nr.	Namen der Schüler.	Geburtsort.
85	1	Baumann, Christian Gustav	Mittweida
86	2	Schneider, Moritz Alexander	Meissen
87	3	Werner, Bruno Gustav Adolf	Rosswein
88	4	Richter, Karl Otto	Oschatz
89	5	König, Hugo Max	Lampertswalde
90	6	Steuer, Karl Hermann	Heyda
91	7	Uhlemann, Ernst Bernhard	Weinsdorf
92	8	Höppel, Karl Oswald	Königshain
93	9	Bernhardt, Friedrich Ernst	Waldheim
94	10	Stenzel, Gustav Adolf	Lindenau
d 95	11	Stein, Friedrich Richard	Schönnewitz
96	12	Schöne, Karl Eduard Reinhold	Oschatz
97	13	Apitz, Franz Julius	Kalbitz
d 98	14	*Hartmann, Otto Johannes	Oschatz
99	15	*Schröter, Hermann Traugott	Oschatz
100	16	Müller, Friedrich Hermann	Hoym (Anhalt)
101	17	Bischoff, Julius Richard	Seifersbach
102	18	Carlsohn, Theoder Wilhelm Max	Wien
103	19	Köpping, Friedrich Otto	Oschatz
104	20	Baumann, Emil Magnus	Riesa
105	21	Harz, Karl Ernst Bernhard Walter	Rosswein
106	22	Fiedler, Julius Arthur	Gärtitz
107	23	Tauer, Bruno Robert	Lindenthal
108	24	Thiemig, Friedrich Bernhard	Dallwitz
109	25	Münsel, Gustav Ernst	Blochwitz

Klasse VI.

Fortl. Nr.	Klass.-Nr.	Namen der Schüler.	Geburtsort.
110	1	Jentzsch, Emil Arthur	Grossdobritz
111	2	Birkner, Johannes Alfred	Niederstriegis
112	3	Giebe, Gustav Richard	Schönfeld
113	4	Höppner, Oskar Max	Seifersbach
114	5	Hofmann, Ernst Karl	Kreinitz
115	6	Kaiser, Richard	Blattersleben
116	7	Kiessling, Moritz Richard	Leisnig
117	8	Liebsch, August Hermann	Ossling
118	9	*May, Oskar Albin	Waldheim

Fortl. Nr.	Klass.-Nr.	Namen der Schüler.	Geburtsort.
119	10	Naumann, Hugo Arno	Gallschütz
120	11	Paulich, Gustav Eduard	Lampertswalde
121	12	Schenk, Julius August	Dohna
122	13	Schlegel, Friedrich Gustav	Luppa
123	14	Schönfeld, Friedrich Paul	Markersdorf
124	15	Springsguth, Friedrich Otto	Mügeln
125	16	Starke, Friedrich Martin	Oschatz
126	17	Strauss, Ernst Alexander	Mutzschen
127	18	Tränkner, Kurt Armin	Schmorkau
128	19	Winkler, Friedrich Gustav	Wahren
129	20	Wittig, Arthur	Börtewitz
130	21	Wünschittel, Adolf Hugo	Koselitz
131	22	Zschucke, Andreas	Oschatz

Aufgenommen wurden im Jahre:

1871—1872	18 in Kl. VI	18
1872—1873	26 in Kl. VI und 2 in Kl. V	28
1873— 74	23 in Kl. VI und 1 in Kl. V	24
1874— 75	20 in Kl. VI, 4 in Kl. V, 2 in Kl. III	26
1875— 76	23 in Kl. VI, 4 in Kl. V, 1 in Kl. IV, 1 in Kl. II	29
1876—1877	24 in Kl. VI, 3 in Kl. V, 2 in Kl. III, 1 in Kl. II	30
1877— 78	24 in Kl. VI, 3 in Kl. V, 1 in Kl. I	28
1878— 79	25 in Kl. VI, 4 in Kl. V, 1 in Kl. IV	30
1879— 80	27 in Kl. VI, 1 in Kl. V, 1 in Kl. IV	29
1880— 81	20 in Kl. VI, 2 in Kl. V, 1 in Kl IV	23
1881— 82	20 in Kl. VI, 1 in Kl. V, 1 in Kl. III	22
1882— 83	24 in Kl. VI, 1 in Kl. V	25
1883— 84	24 in Kl. VI, 1 in Kl. II	25

In den Jahren 1871—1884: 337 Aufgenommene.

Von den 337 Schülern stammen aus dem Stande:
a) der Lehrer: 52
b) der Beamten: 40
c) der Gewerbetreibenden: 167
d) der Landwirte: 74
e) der Handarbeiter: 4
Sa.: 337 Schüler.

Die Anzahl der zum Lehrerberufe ausgebildeten Schüler beträgt:
1877: 17
1878: 21
1879: 23
1880: 16
1881: 22
1882: 21
1883: 18
1884: 22
1877—1884: Sa. 160 Schulamtskandidaten

von den übrigen sind:
gestorben: 2
an ein anderes Seminar gegangen: 4
zu einem anderen Beruf übergegangen: 51
dimittiert 9
exkludiert 2
aus der Anstalt geschieden: 68

Nach Entlassung der Abiturienten verblieb Ostern 1884 ein Bestand von 109 Schülern.

Übungsschule 1883—1884.

Fortl. Nr.	Klass.-Nr.	Namen der Schüler.	Fortl. Nr.	Klass.-Nr.	Namen der Schüler.
		Klasse I.	7	7	Hietzge, Arthur Joh. Hugo
		Knaben.	8	8	Beyer, Hermann Alfred
1	1	Noatsch, Hermann Richard	9	9	Brux, Emil Paul
2	2	Bohnhorst, Arthur	10	10	Pohorzelcek, Arno Julius
3	3	Leonhardt, Albert Johann			Mädchen.
4	4	Semmelrath, Herm. Alfred			
5	5	Gruhl, Heinrich Max	11	1	Christiani, Amalie Marie
6	6	Dietrich, Curt Woldemar	12	2	Dietrich, Martha Helene

Fortl. Nr.	Klass.-Nr.	Namen der Schüler.	Fortl. Nr.	Klass.-Nr.	Namen der Schüler.
13	3	Hartmann, Helene Agnes			**Klasse III.**
14	4	Pfau, Marie Emilie Hedwig			Knaben.
15	5	Beyer, Marie Auguste	48	1	Otto, Kurt Alfred
16	6	Hellmich, Lina Emilie	49	2	Wolf, Otto Franz Walter
17	7	Zieger, Auguste Hulda	50	3	Rentzsch, Karl Emil Johannes
18	8	Ullrich, Ida Marianne	51	4	Nenke, Arno Alfred
19	9	Schöber, Amalie Marie	52	5	Liske, Arno Ernst
20	10	Malss, gen. Winkler, M. Helene	53	6	Striegler, Emil Robert
21	11	Christiani, Anna Minna	54	7	Hänsch, Paul Gerhardt
22	12	Marthaus, Aurelie Marie	55	8	Wolf, Otto
23	13	Nenke, Joh. Margarethe	56	9	Körner, Franz Osw. Theodor
24	14	Friedemann, Anna Elise	57	10	Leonhardt, Gotthelf Paul
			58	11	Schneider, Alfred Paul
		Klasse II.			
		Knaben.			Mädchen.
25	1	May, Paul Alexander	59	1	Pohorzeleck, Anna Klara
26	2	Kitzing, Friedrich Gustav	60	2	May, Anna Margarete
27	3	Winkler, Reinh. Rob. Alexand.	61	3	Beyer, Auguste Helene
28	4	Schneider, Oskar August	62	4	Öhmichen, Toni
29	5	Wolf, Hermann Arthur	63	5	Christiani, Martha
30	6	Christiani, Heinrich Richard	64	6	Donat, Agnes Martha
31	7	Leonhardt, Friedrich Max	65	7	Wolf, Toni Minna
32	8	Mehnert, Franz Oskar	66	8	Sieber, Gertrud Marie
33	9	Barth, Hermann Magnus	67	9	Striegler, Ida Anna
34	10	Hietzge, Karl Hermann	68	10	Friedemann, Rosa Marie
					Klasse IV.
		Mädchen.			Knaben.
35	1	Marthaus, Aurelie	69	1	Pfau, Franz Richard
36	2	Dietrich, Margarete Marie	70	2	Pohorzeleck, Ernst Arthur
37	3	Hartmann, Martha Elise	71	3	Bruck, Moritz Ernst
38	4	Sieber, Sophie Elisabeth	72	4	Burckhardt, Adam Max
39	5	Seifert, Emma Laura	73	5	Krause, Emil Willy
40	6	Thürmer, Hilma	74	6	Triem, Friedrich Joh. Georg
41	7	Münch, Auguste Hilma			
42	8	Striegler, Auguste Laura			Mädchen.
43	9	Marthaus, Agnes Lina			
44	10	Bennewitz, Laura Emma			
45	11	Grüner, Margarete Christiane	75	1	Vogt, Marie Amanda Hedwig
46	12	Friedemann, Johanne Helene	76	2	Stein, Margarete Elise Lina
47	13	Bittig, Laura Emma	77	3	Kläber, Karola Frieda Helene

Fortl. Nr.	Klass.-Nr.	Namen der Schüler.	Fortl. Nr.	Klass.-Nr.	Namen der Schüler.
78	4	Bähr, Emmi Linna	83	9	Lindner, Martha Elisabeth
79	5	Bauch, Aurelie Elsa	84	10	Sieber, Susanne Kriemhilde
80	6	Bämmler, Laura Marie	85	11	Striegler, Martha
81	7	Dietrich, Therese Johanne	86	12	Wolf, Magdalene Margarete
82	8	Klimpel, Elisabeth Ida	87	13	Wolf, Anna Marie

III. Lehrmittel-Verzeichnis.

A. Bibliothek.

Die Bibliothek zerfällt in eine Lehrer- und eine Schülerbibliothek. Die Lehrerbibliothek zählt bis jetzt 658 Nummern, die Schülerbibliothek 530 Nummern.

Bedeutendste Werke

A. In der Lehrerbibliothek:
a. für Pädagogik:

Dittes, Logik. Dittes, Psychologie. Lindner, Lehrbuch der empirischen Psychologie. Schilling, Lehrbuch der Psychologie. Herbart, Lehrbuch der Psychologie. Trendelenburg, Logische Untersuchungen (2 Bd.). Strümpell, Psycholog. Pädagogik. Laukhard, Pädagog. Studien. Fröhlich, Pädagogische Bausteine. Lüben, der praktische Schulmann. Schmidt, Encyklopädie des ges. Erziehungs- und Unterrichtswesens (10 Bd). Guth, Praktische Methodik mit Lehrgängen und Lehrproben. Harder, Theoretisch, praktisches Handbuch für den Anschauungsunterricht. Zezschwitz, System der christlich-kirchlichen Katechetik (1. u. 2. Doppelbd.). Finger, Anweisung zum Unterrichte in der Heimatskunde. Schütze, Entwürfe zu Katechesen über Luthers kleinen Katechismus. Diesterweg, Wegweiser zur Bildung für deutsche Lehrer (3 Bd.). Wrage und Harder, Denzels Entwurf des Anschauungsunterrichts in katechetischer Gedankenfolge. Freienschner, Schulerziehungslehre von Schwartz und Curtmann. Schütze, Evangelische Schulkunde. Hoch, Verhältnis der Kirche zur Schule. Waitz, Allgemeine Pädagogik. Baur, Grundzüge der Erziehungslehre. Schmidt, Geschichte der Pädagogik (3 Bd.). Raumer, Geschichte der Pädagogik (4 Bd.) Böhm, Geschichte der Pädagogik (1. u. 2. Hälfte). Richter, Pädagogische Bibliothek. Kehr, Geschichte der Methodik des deutschen Volksschulunterrichts.

b. für Religion (Bibelkunde und Kirchengeschichte etc.):

Ebrard, Apologetik. Kahnis, die lutherische Dogmatik (2 Bd.). Lange, Bibelwerk, a) altes Testament, b) neues Testament. Schnorr von Carolsfeld, die Bibel in Bildern (240 Darstellungen). Lommler, Lucius, Rust, Sackreuter, Zimmermann, Geist aus Luthers Schriften. Ranke, die römischen Päpste der letzten 4 Jahrhunderte (3 Bd.) Hase, Kirchengsschichte. Neander, Geschichte der Pflanzung und Leitung der christlichen Kirche durch die Apostel.

Köstlin, Luther und Janssen, der deutsche Reformator und die ultramontanen Historiker. Schmidt, Luthers Bekanntschaft mit den alten Klassikern.

c. für Litteratur und Sprache:

Müller, Vorlesungen über die Wissenschaft der Sprache (2 Bd.) Sanders, Wörterbuch der deutschen Sprache (3 Bd.). Grimm, deutsches Wörterbuch (Bd. 1—3). Schleicher, die deutsche Sprache. Bartsch, gesammelte Vorträge und Aufsätze. Lüben, Einführung in die deutsche Litteratur (2 Bd.) Lessing, Werke (3 Bd.). Viehoff, Erläuterungen zu Schillers Gedichten. Viehoff, Erläuterungen zu Goethes Gedichten. Herder, Werke zur schönen Litteratur und Kunst (7 Bd.). Rückert, Poetische Werke (12 Bd.). Shakespeare, dramatische Werke (6 Bd.). Koberstein, Geschichte der deutschen Nationallitteratur (5 Bd.). Viehoff, Handbuch der deutschen Nationallitteratur. Leimbach, Erläuterungen ausgewählter deutscher Dichtungen. Voigt, Rückerts Gedankenlyrik. Zimmer, Martin Luther als deutscher Klassiker (2 Bd.). Pfeifer, Deutsche Klassiker des Mittelalters (Bd. 1—12.) Hoche, Lateinisches Lesebuch 2—7. Lüders, Chrestomathia Ciceroniana 2—7. Held, Caesaris commentarii de bello Gallico. Siebelis, Tirocinium Poëticum (3 Ex.) Georges, Wörterbuch (2 Bd.) Kaltschmidt, Dictionaire (2 Bd.). Gréard, La législation de l'instruction primaire en France depuis 1789 jus'qua nos jours. (Geschenk des Ministeriums.) Düntzer, Goethes Leben. Schillers, Goethes, Gutzkows Werke.

d. für Geschichte:

Müller, Geschichte des deutschen Volkes. Weber, Allgemeine Weltgeschichte. Schlosser, Geschichte des 18. und 19. Jahrhunderts (8 Bd.). Weber, Archiv für sächsische Geschichte (12 Bd.), fortgesetzt von Dr. Ermisch. (Geschenk des Ministeriums.) Häusser, Geschichte der Reformation. Dahlmann, Geschichte der englischen Revolution. Dahlmann, Geschichte der französischen Revolution. Curtius, Griechische Geschichte (3 Bd.). Grimm, Deutsche Heldensagen. Mommsen, römische Geschichte. Scherr, Deutsche Kultur- und Sittengeschichte. Lübke, Grundriss der Kunstgeschichte.

e. für Geographie:

Dommerich, Lehrbuch der vergleichenden Erdkunde. Steinhauser, Grundzüge der mathematischen Geographie. Guthe, Lehrbuch der Geographie. Ungewitter, Erdbeschreibung und Staatenkunde (2 Bd.). Kloeden, Handbuch der Erdkunde (4 Bd.). Volz, Lehrbuch der Erdkunde. Hann, Hochstätter, Pokorny, Allgemeine Erdkunde. Grube, Geographische Charakterbilder. Peschel, Völkerkunde. Geistbeck, Bilder aus der Völkerkunde und zahlreiche Atlanten, Wandkarten etc.

f. für Mathematik:

Kambly, die Elementarmathematik (4 T.). Schlömilch, Grundzüge einer wissenschaftlichen Darstellung der Geometrie des Masses (2 T.). Wittstein, Lehrbuch der Elementarmathematik. Lübsen, Ausführliches Lehrbuch der Arithmetik und Algebra. Spiess, Lehrbuch der allgemeinen Arithmetik (2 T.). Wienhold, Lehrbuch der Mathematik (2 Bd.). Spitz, Lehrbuch der ebenen Trigonometrie. Navier, Differential- und Integralrechnung; deutsch von Wittstein. Wittstein, Elementarmathematik (2 Bd. 2 Abt. Geschenk des Verlegers.) Sachse, Mathematik für deutsche Lehrerbildungsanstalten (1 T.). Stubba, Lehrbuch der Geometrie. Stubba, Anweisung zum Rechenunterricht.

g. für Gymnastik und Gesundheitslehre:

Klenke, Schuldiätetik. Hirth, das gesamte Turnwesen. Turnlehrbücher von Spiess, Kloss, Zettler, Puritz, Lion. Baginsky, Handbuch der Schulhygiene. Flügge, Lehrbuch der hygien. Untersuchungsmethode.

h. für Naturgeschichte:

Schoedler, das Buch der Natur (2 Bd.). Leunis, Synopsis der 3 Naturreiche (3 Bd.). Kobell, die Mineralogie in der deutschen Volksschule. Rabenhorst, Kryptogamenflora (2 Bd.). — Clauss, Grundzüge der Zoologie. Sachse, Handbuch der Elementarphysiologie. Häckel, Natürliche Schöpfungsgeschichte. Sachs, Lehrbuch der Botanik. Cotta, die Zoologie der Gegenwart. Brehm, Illustriertes Tierleben. Lehmann u. Lentemann, Zoologischer Atlas 1. und 2. Serie). Pabst, die Flechten und Pilze. Senft, Synopsis der Mineralogie und Geognosie. Bock, Das Buch vom gesunden und kranken Menschen. Ulmers, Wandtafel zur Geologie. Wünsche, die Pilze. Brehm, Tierleben, Säugetiere und Vögel (10 Bd.). Wünsche und Schlechtendal, die Insekten.

i. für Physik und Chemie:

Müller-Pouillet, Lehrbuch der Physik und Metereologie. Müller-Pouillet, Lehrbuch der kosmischen Physik nebst Atlas. Weinhold, Vorschule der Experimentalphysik. Arendt, Lehrbuch der anorgan. Chemie. Frick, Lehrbuch der reinen und technischen Chemie, Physik und Technik. Stöckhardt, Schule der Chemie. Gottlieb, Lehrbuch der reinen und technischen Chemie. Hoppe, Anfangsgründe in der Physik. Rubien, Kurzes Lehrbuch der Chemie. Sprockhoffs, Grundzüge der Physik. Sumpf, Schulphysik. Method. Lehr- und Übungsbuch für höhere Schulen.

k. für Philosophie:

Allihn, die Grundlehre der allgemeinen Ethik. Seidel, Weisses System der Ästhetik. Herbart, Kurze Encyklopädie der Philosophie. Ziller, Allgemeine philosophische Ethik. Herbart, an seine Jünger, Freunden und Feinden zur Verständigung. Dr. Bilharz, der heliozentrische Standpunkt der Weltbetrachtung. Dr. Lasswitz, die Lehre Kants von der Idealität des Raumes und der Zeit.

l. für Politik:

v. Witzleben, die Entstehung der konstit. Verfassung des Königreichs Sachsen (Geschenk des Ministeriums). Haberkorn, die Verfassungsurkunde des Königreichs Sachsen sonst und jetzt (Geschenk des Ministeriums). Wirth, Bismarck, Wagner, Rodbertus, drei deutsche Meister. Haushofer, Grundzüge der Nationalökonomie. Ausgaben von Gesetzbüchern von Götz, Dr. Fischer, Dr. Siebenhaar.

m. für Zeichnen:

Herdtle, Vorlagenwerk zum Zeichenunterricht mit Text. Tretau, Herdtlesches Vorlagenwerk, 30 Bl. m. Text (Geschenk des Ministeriums). Wagner, Lehre der Perspektive. Flinzer, Lehrbuch des Zeichenunterrichts. Taubinger, Grosse Figurenschule (6 Bl.). Schoop, das farbige Ornament, 24 Bl. in monochronem und polychronem Farbendruck mit kurzer Farbenlehre. 17 Stuttgarter Gipsmodelle.

An Zeitschriften werden gehalten: Die sächsische Schulzeitung. Die allgemeine deutsche Lehrerzeitung. Die pädagogischen Blätter für Lehrerbildungsanstalten von Kehr. Die Musikzeitung von Lessmann. Die Leipziger Zeitung. Die Schulgesetzsammlung, Gesetz- und Verordnungsblatt. Blätter für erziehenden Unterricht. Das Ausland.

B. In der Schülerbibliothek:

a. für Pädagogik:

Klenke, Diätetik der Seele. Dittes, Psychologie. Kirchner, Katechismus der Psychologie. Bruckbach, Wegweiser durch die Geschichte der Pädagogik. Richter, Der Anschauungsunterricht in den Elementarklassen. Zeglin, Praktische Winke für die Fortbildung des Lehrers. Kahle, Grundzüge des evangelischen Volksschulunterrichts. Mich, Erziehungslehre. Mich, Unterrichtslehre.

b. für Religion (Bibelkunde, Kirchengeschichte etc.):

Caspari, Geistliches und Weltliches. Luthardt, Apologetische Vorträge. Luthardt, Moral des Christentums. Itzerott, Katechetische Unterredungen über den kleinen Katechismus Luthers. Kahle, Hilfsbuch beim evangelischen Religionsunterricht. Werner, Die Bibel und ihre Bedeutung. Frommel, Paulus, der grosse Apostel, ein Charakter. Handbuch der Bibelerklärung. Vom Calwer Verlagsv. (2 Bd.). Protestantische Märtyrer und Vorkämpfer. Werner, Die Helden der christlichen Kirche. Merschmann, Augustins Bekenntnisse. Gerok, Epistelpredigten. Gerok, Evangelienpredigten. Funke, Seelenkämpfe und Seelenfrieden. Funke, Paulus zu Wasser und zu Lande.

c. für Litteratur und Sprache:

Pfeifer, Hahns mittelhochdeutsche Grammatik. Willmanns, Deutsche Grammatik. Palleske, Schillers Leben und Werke (2 Bd.). Sehrwald, Deutsche Dichter und Denker. Genée, Shakespeares Leben und Werke. Lewes, Goethes Leben und Werke. Viehoff, Handbuch der deutschen Nationallitteratur. Kurtz, Litteraturgeschichte (1 Bd.). Heines Denkwürdigkeiten von Steinmann. Strodtmann, Lessings Leben. Uhlands Gedichte. Schillers Werke in 1 Bd. Jean Pauls Werke (8 Bd.) Reuter, Ut mine Stromtid (3 Bd.). Simrok, Gudrun. Jordan, Nibelungen. Stifter, Studien (3 Bd.). Gerok, Palmblätter. Gerok, Deutsche Ostern. Gerok, Pfingstrosen. Freytag, Die verlorne Handschrift. Freytag, Soll und Haben. Gutzkow, Uriel Acosta, Zopf und Schwert. Scheffel, Ekkehard. Scheffel, Der Trompeter von Säkkingen. Lessing, Emilia Galotti. Lessing, Minna von Barnhelm. Lessing, Nathan der Weise. Simrock, Deutsche Sprüchwörter. Donner, Sophokles. Heine, Vermischte Schriften (3 Bd.). Bulwer, Ausgewählte Romane. Funke, Reisebilder und Heimatklänge. Bartsch, Heliand. Freytag, Die Ahnen (5 Bd.). Ebers, Eine ägyptische Königstochter (3 Bd.). Ebers, Uarda (3 Bd.). Dahn, Ein Kampf um Rom (1 Bd.). Ebers, Homo sum. Schillers Werke, Prachtausgabe von Fischer. Ebers, Die Schwestern. Ebers, Der Kaiser. Freytag, Aus einer kleinen Stadt. Dahn, Odhins Trost. Ebers, Eine Frage. Laube, Die Karlsschüler. Gottschall, Die Erbschaft des Blutes. Ebers, die Frau Bürgermeisterin. Ebers, Ein Wort. Dahn, Felicitas. Milton, Verlorne Paradies. Rousseaus Bekenntnisse (1. u. 2. Bd.). Euripides Ausgewählte Dramen.

d. für Geschichte:

Schmidt, Geschichte des Altertums. Schmidt, Geschichte des Mittelalters. Schmidt, Geschichte der neueren und neusten Zeit. Mauer, Geschichtsbilder. Spiess und Berlet, die Weltgeschichte in Biographien (3 Bd.). Pütz, Geschichte der neueren Zeit (2 Bd.). Kohlrausch, Bildnisse der deutschen Könige und Kaiser. Duller, Geschichte des deutschen Volkes. Zimmermann, Illustrierte Geschichte des deutschen Volkes. Maurer, Entscheidungsschlachten der Weltgeschichte. Schramm, König Johann von Sachsen. Müller, Leitfaden zur Geschichte des deutschen Volks (Geschenk des H. Bodemer, Dresden). Göll, das gelehrte Altertum. Doehler, Cäsar und seine Zeitgenossen. Doehler, Cicero und seine Freunde. Hesekiel, Das Buch vom Fürsten Bismarck. Scherr, 1870—1871, Vier Bücher deutscher Geschichte. Brachvogel, Die Männer der neuen deutschen Zeit. Scherr, Deutsche Kulturgeschichte. Freytag, Bilder aus deutscher Vergangenheit (5 Bd.). Otto, der deutsche Bürgerstand und die deutsche Bürgerschule. Simons, Aus altrömischer Zeit. Kulturbilder (3 Bd.). Leixner, Unser Jahrhundert (1 Bd.). Leixner, Unser Jahrhundert (2 Bd.).

e. für Geographie:

Berthel, Geographie in Bildern. Grube, Charakterbilder aus der Geschichte und Sage. Kutzen, Das deutsche Land (2 Bd.). Thomas, Bilder aus der Länder- und Völkerkunde. Pütz, Vergleichende Erd- und Völkerkunde. Oberländer, Der geographische Unterricht nach Grundsätzen der Ritterschen Schule. Kohn und Andree, Sibirien und das Amurgebiet. Noé, Elsass-Lothringen. Oberländer, Westafrika. Volz, Henry Stanleys Reise durch den dunklen Weltteil. Wollheim, Die Fahrt der Vega.

f. für Naturkunde:

Wagner, Malerische Botanik. Bär und Hellwald, Der urgeschichtliche Mensch (2 Bd.). Brehm, Das Leben der Vögel. Masius, Naturstudien. Stelzner und Prölss, Atlas der Mineralogie. Russ, In der freien Natur. Humboldt, Kosmos (4 Bd.). Correus, Der Mensch. Crüger, Lehrbuch der Physik. Mädler, Der Himmel. Ule, Die Wunder der Sternenwelt.

g. Mathematik:

Fleischhauer, Praktischer Geometer. Berthelt, Neue Rechenschule

Hentschel, Lehrbuch des Rechenunterrichts (2 T.). Ruhsam, Rechenschule (Geschenk des Verfassers). Pickel, Geometrische Rechenaufgaben (Ausg. III der Geometrie).

h. Allgemeine belehrende Schriften:

Buch der Erfindungen (6 Bd.). Petiscus, Der Olymp. Meyer, Handlexikon (2 Bd.). Bodenberg, Deutsche Rundschau. Das neue Universum (3 Bd.). Nordan, Vom Kreml zur Alhambra. Dr. G. Weber, Mein Leben und Bildungsgang.

Musikalien:

Die Musikalienbibliothek zählt 223 Nummern, darunter folgende Musikalien

a. für Gesang:

Lützel, Choralgesangbuch für Kirchen und Schulen. Lützel, Männerchöre. Gläser, Choralbuch für vierstimmigen Männerchor. Lohse, der Gesangsunterricht in der Seminarschule zu Plauen (2 Hefte). F. A. Schulz, kleine theoretisch-praktische Gesangsschule. Hauptmann, Salvum fac regem. Gast, Hiller's vollständiges Choralbuch, Evangelisch-protestantisches Gesangbuch. Rische, das geistliche Volkslied. Tschirch, Eine Nacht auf dem Meere, Partitur mit 11 Satzst. Adam, Der 46. Psalm für Männerst. ohne Begleitung, Partitur mit 11 Stimmen. Mendelssohn-Bartholdy, Festgesang an die Künstler-Partitur und 11 Stimmen. Hauptmann, 6 geistliche Gesänge für vierst. Chor, Partitur und Stimmen. Engel, 18 Festmotetten, op. 43,3. Arien-Album für 1 Tenorstimme mit Pianofortebegleitung. Mendelssohn-Bartholdy, Kirchenmusik für Chor, „Mitten wir etc.", Partitur und Stimmen. Mendelssohn-Bartholdy, „Aus tiefer Not etc.", Partitur und Stimmen. Ave Maria, Partitur und Stimmen. Richter, 6 geistliche Lieder für vierstimmigen Chor, Partitur mit Stimmen. Fr. Lachner, Macte Imperator, Partitur mit untergel. Klavierauszug. Müller und Schwaab, Klassisches Choralbum. Messias von Händel, Partitur mit Stimmen. Löwe-Album, 15 ausgewählte Balladen für eine Singstimme mit Pianofortebegleitung. Duett-Album, mit Pianofortebegleitung (2 Bd.) Mendelssohn-Bartholdy, „Paulus", Oratorium, Klavierauszug mit deutschem und englischem Text. Becker, die Zigeuner, Rhapsodie in 7 Gesängen für Solo und Chorstimmen, Partitur und Stimmen. Hauptmann, Der 48. Psalm, Motette für Chor- und Solostimmen. Hauptmann, Motette, Nimm von uns, Herr etc. für Chor- und Solostimmen. Mendelssohn-Bartholdy, Antigone, Partitur mit Klavierauszug und Stimmen. Concone, Vokalisen für Sopran, Tenor, Alt, Bass. Starks Solfeggien-Album (Mezzo-Sopran) 70 Gesangsstücke. Bass-Album (2 Bd.). J. Otto, Vaterlandsfest, Chor- und Solostimmen mit Text. Reichhardt, 100 Gesänge für Männerstimmen. Schubert-Album verfasst von Fr. Abt. J. Petersen (53 Exempl.). H. Germania von Petersen. Gebhardt, musikalischer Kinderfreund. (Geschenk der Verlagshandlung.) Erck und Greef, Sängerhain. Widmann, Gehör- und Stimmbildung. Schubert, Katechismus der Gesangslehre. (Geschenk des Verlegers.) Brand, Sängerhalle (3 Hefte). Blied, Liederkranz (op. 27, 1 Heft),

Liederzyklus, für vierstimmigen Männerchor. Rudolph Choralbuch, 2 Exempl. a. u. b. Mendelssohn-Bartholdy, Duette, 13 Lieder u. Gesänge für 2 Stimmen mit Piano. Schumann, Kinderszenen für Piano, op. 15. Anacker, Bergmannsgruss. Wüllner, Heinrich der Finkler, Kantate für Männerchor. Rob. Schumann, Zigeunerleben, op. 29. Romberg, Die Macht des Gesanges, op. 28. Rochlich, Die Wallfahrt nach Kevlar, op. 31. Becker, Sedania, Festkantate für Männerchor. Meinardus, Luther in Worms, Oratorium in 2 Teilen.

b. für Klavier:

Czerny, Die Schule der Geläufigkeit für Pianoforte, 2mal. Weber, Conzerts p. Piano. Weber, Sonates p. Piano. Weber, Pièces et Variations. Beethoven, Ouverture zu Egmont für 2 Piano zu 8 Händen. Moscheles, Homage à. Händel, Grand Duo p. 2 Pianos. Reissiger, Die Felsenmühle, p. Piano Nr. 49. Beethoven, Sonates p. Piano. Mozart, Sonates p. Piano. 40 Lieder ohne Worte von Abt, Mendelssohn, Schubert. Grosse, Die notwendigsten Klavierübungen. Brandt, Erster Lehrmeister im Klavierspiel, 3 Hefte. Brauer, 30 melodische Klavieretüden, Heft 1 und 2. Beethoven, Sinfonien zu 4 Händen, Band 1 und 2 (Edition Peters Nr. 9 und 10). Beethoven, Klavierkonzerte zu 4 Händen (Edition Peters Nr. 992 abcde). Beethoven, Concerts, Edition Peters 144. Schubert, Compos. de Piano, Edition Peters Nr. 7. Schubert, Comp. Supplement. Schubert, Sonates p. Piano, Edit. Pet. Nr. 487. Schubert, Märsche zu 4 Händen, Ed. Pet. Nr. 749. Reinecke, 3 Sonatinen, op. 47, I, II, III. Schubert, Polonaise à 4 m., Ed. Pet. Nr. 787. Hummel, Septett zu 4 Händen, Ed. Pet. Nr. 1325. Hummel, Conzerte op 85 und 89, Ed. Pet. Nr. 714. Kuhlau, Sonatinen, Band 1 und 2, Ed. Pet. Nr. 715a und b. Schumann, Kreisleriana op. 16, Ed. Pet. Nr. 781. Schumann, Albumblätter op. 124, Ed. Pet. Nr. 1115. Schumann, Bunte Blätter op. 99. Kirchner, Aquarellen. Neupert, Studien für Pianoforte, Ed. Pet. Nr. 371. Mozart, Sinfonie für Clavier zu 4 Händen, Ed. Pet. Nr. 187. Schubert, Comp. f. Piano, Fantasie op. 15. Heller, Etudes op. 45. Heller, Etudes op. 46. Heller, Etudes, op. 47. Mendelssohn, Sämmtliche Lieder ohne Worte, Bd. 1. Reissiger, Rondino alla Polacca p. Piano, ouv. 17. Reissiger, Premier Rondeau Mignon p. Piano, ouvr. 47. Reissiger, Quatre Rondino p. le piano, op. 58. Reissiger, Rondeau brillant en Rep. piano, ouvr. 61. Reissiger, Rondeau brillant. Schumann, Papillons op. 2. Rubinstein, 2 Mélodies op. 3 à Helène. Kuhlau, Sonatinen (Köhler, Band 1 und 2). Chopin, Ballades op. 23. Chopin, Polonaisen op. 26. Chopin, Impromptus op. 29, As dur. Chopin, Valse p. Piano Nr. 1, Grande valse brillante Nr. 2 und Nr. 8. Schumann, Noveletten, Heft 1—4. Reissiger, Grand Rondeau alla Polacca op. 36. Reissiger, Rondeau alla Polacca op. 31. Reissiger, Rondo brillant op. 30. Weber, Mozart, Beethoven, Ouverturen zu 8 Händen. Beethoven, Grand Septuor. Schumann, Genoveva, Ouverture zu 8 Händen.

c. für Orgel:

Bach, 371 vierstimmige Choräle. Kuntze, die Orgel und ihr Bau. Töpfer, Choralstudien, herausgegeben von Gottschalg, 2. rev. Aufl. Schubert, die Orgel. Brandt, prakt. Elementarorgelschule, 1. Kursus. Volkmar, Tonst. für Violine und Orgel. Ritter, die Kunst des Orgelspiels, 3 Bände, op. 273. Heller, Präludien, op. 87, Heft 1—3. Wermann, 60 signierte Choräle. van Eyken, Fugen aus dem wohltemporierten Klavier von S. Bach für die Orgel 6 Hefte. Merkel, Adagio für Orgel, op. 35, Einleitung und Doppelfuge für Orgel (a-moll). Schütze, Prakt. Orgelschule, 6 Exemplare.

d. für Violine.

Kayser, Violinschule. Abel, neue Folge der mechanisch-technischen Violinübungen, 2 Hefte. Dancla, Duos p. 2 violons, Heft 1—11. Pleyl, Duos p. 2 violons, op. 8. Jansa, Duos p. 2 violons. Hauptmann, Duos, op. 2. Schön, Praktischer Lehrgang für den Violinunterricht 1—12. Kayser, 36 Etudes p. Violon op. 20, Band 2 und 3. Kreutzer, op. 40, Etuden für Violine. Meltner, Violinschule, Kursur I und II. Schubert, die Violine. Wolfram, Violinstücke mit Begleitung der Orgel oder des Pianoforte, H. 1 und 2. (Geschenk des Verlegers.) Hoppe, der erste Unterricht im Violinspiel. Hennig, Instruktive Übungsstücke. Brühmig, Praktische Violinschule, 3 Hefte (Geschenk des Verlegers). Kayser, Violine-Etuden mit Klavierbegleitung. Volkmar, Tonstücke für Violine und Orgel, op. 273. (Geschenk der Verlagshandlung.)

Verzeichnis der seit Ostern 1877 neu angeschafften Lehrmittel für Physik.

Mechanik.

3 Pappkörper, 1 Dezimalwage mit Pfundgewicht, 1 Recipient zur Luftpumpe, 1 Eisenkugel, 2 Gummischläuche, 2 eiserne Klammern, 2 Magdeburger Halbkugeln, Kommunicierende Röhren, 1 Cartesianischer Taucher, 2 Rotationsapparate, 1 Aneroidbarometer, 1 gläserne Feuerspritze, 10 Bologneser Fläschchen, 10 Glasthränen, 1 eisernes Gestell zum Flaschenzug.

Akustik.

Eine viereckige, eine runde Glas- und eine Zinkscheibe zur Darstellung der Chladnischen Klangfiguren, 1 Violinbogen zum Monochord, 1 hölzernes Gestell zur Aufbewahrung der zinnernen Orgelpfeifen.

Optik.

1 grösseres Mikroskop, 3 Einsatzstücke zum Heliostaten, 7 Bilder auf Glas und 2 thaumatropische Scheiben zur laterna magica, 7 Farbenscheiben, 1 Lichtmühle, 1 Fernrohrmodell, 1 Satz stereoskopischer Schwingungen, 1 Apparat von Blech zur Demonstration der Brechung des Lichts.

Magnetismus.

Ein Hufeisenmagnet.

Elektricität.

Ein Funkenring zur Elektrisiermaschine, 1 Element zum Boppsc elektro-magnetischen Telegraph, 1 elektro-magnetischer Rotationsapparat Element, 6 Thonzellen, 1 Rhumkorff'scher Funkeninduktor, 1 Telephor selbsterregende Influenzmaschine, zugleich Holtz'sche Maschine.

Wärme.

Ein Modell einer Lokomotive, 2 Psychrometer, 1 Maximalthermome 1 Kupferschale zum Leydenfrostschen Tropfenversuch.

Überdies 1 Eisencylinder mit Haken, 1 Zirkel mit messingenem G bogen, 1 Stuhl mit Stellschraube, 1 Blasebalg, 1 Rolle Stahldraht, 8 Klei schrauben, 4 Schränke zur Aufbewahrung physikalischer Apparate.

Für Mineralogie:

Eine Mineraliensammlung, bestehend aus 5 Quarzen, 6 Kalken Graniten, 7 Granuliten, 3 Dioriten, 6 Gneissen, 11 Porphyren, 9 Schief 2 Spaten und 1 Salz; eine Härteskala. An Abbildungen: 5 Wandtafeli geologische und 1 prähistorische) von Fraas, II. Auflage.

Für Zoologie:

Zwei ausgestopfte Säugetiere, 11 ausgestopfte Vögel, 10 Conchyl 6 Spirituspräparate und 1 Modell des Coloradokäfers. An Abbildung „Mundteile der Insekten" von Muhr, 5 Tafeln; 44 Tafeln Tierbilder Léutemann; „Der einheimischen Vögel Nutzen und Schaden" von Burd eine Tabelle.

Für Botanik:

Eine Holzkollektion, bestehend aus 27 Nutzhölzern, 2 Kokosnüss« Schwamm. An Abbildungen für Botanik: Blattformen von Forwerg, 8 Tai